A Guide to
Scholarly Publishing

Guide de
l'édition savante
au Canada

Fifth Edition -- Cinquième édition

FOR ALL CANADIAN SCHOLARS
A L'USAGE DES AUTEURS ET AUTEURES CANADIENS

Aid to Scholarly Publications Programme
Canadian Federation for the Humanities
Social Science Federation of Canada

Programme d'aide à l'édition savante
Fédération canadienne des sciences sociales
Fédération canadienne des études humaines

Programme d'aide à l'édition savante
Ottawa 1995
Imprimé et relié au Canada par
Marc Veilleux imprimeur
ISBN 0-9698103-0-X

Maquette: Leslie Macredie
Wilfrid Laurier University Press

Aid to Scholarly Publications Programme
Ottawa 1995
Printed and bound in Canada by
Marc Veilleux imprimeur
ISBN 0-9698103-0-X

Design: Leslie Macredie
Wilfrid Laurier University Press

Canadian Cataloguing in Publication Data

Main entry under title:
A guide to scholarly publishing in Canada = Guide de l'édition savante au Canada

Text in English and French.
Includes bibliographical references.
ISBN 0-9698103-0-X

1. Scholarly publishing--Canada. 2. Scholarly publishing--Canada--Directories.
3. Social science literature--Publishing--Canada. I. Aid to Scholarly Publications
Programme. II. Title: Guide de l'édition savante au Canada.

Z286.S37W5 1995   070.5'0971   C95-900240-5E

Données de catalogage avant publication (Canada)

Vedette principale au titre:
A guide to scholarly publishing in Canada = Guide de l'édition savante au Canada

Texte en anglais et en français.
Comprend des références bibliographiques.
ISBN 0-9698103-0-X

1. Edition savante--Canada. 2. Edition savante--Canada--Répertoires. 3. Sciences sociales--
Documentation--Edition--Canada. I. Programme d'aide à l'édition savante. II. Titre: Guide
de l'édition savante au Canada.

Z286.S37W5 1995   070.5'0971   95-900240-5F

Contents

Tables des matières

VEILLEUX

IMPRESSION À DEMANDE INC.

ON DEMAND PRINTING INC.

1340, Gay-Lussac, #4, Boucherville, Québec J4B 7G4
Tél.: 514-449-4593 • Fax: 514-449-4596

PREFACE

The Aid to Scholarly Publications Programme (ASPP) published the last edition of the *Guide*, the fourth, in 1986. Since then, there have been many changes in Canadian scholarly publishing. Some presses have closed, disappeared and re-appeared in different guises, and new presses have been established. New editors and directors have taken over many Canadian presses, and a new generation of scholars has established itself. The Canadian scholarly enterprise, while suffering serious financial constraints during the last decade, has nevertheless made its presence felt both at home and abroad.

The Canadian Social Science Research Council and the Humanities Research Council of Canada founded "the Programme", as it is now commonly known, in the early 1940s in order to promote Canadian scholarship. Books with short print-runs could not be published without subsidy, as is still the case today. This was the *raison d'être* behind the creation of the ASPP.

The first three books subsidized by the ASPP appeared in 1942. Since then, the Programme has supported more than 3,500 books, presently at the rate of about 150-160 per year. ASPP financial support over the last fifty years has had an important part in sustaining the dissemination of Canadian scholarship in the humanities and social sciences. Since the 1950s, indispensible public funds have been provided to the ASPP's activities, first by the Canada Council, and then by the Social Sciences and Humanities Research Council of Canada, beginning in 1978.

The Canadian Social Science Research Council and the Humanities Research Council of Canada, of course, changed their names in the 1970s, becoming the Social Science Federation of Canada and the Canadian Federation for the Humanities. The Federations are jointly responsible for the administration of the ASPP. Representatives of the

1

Federations sit on the Joint Management Board (JMB) which was established in 1990 to oversee ASPP policy and operations. The ASPP promotes Canadian scholarship in a number of ways, for example, by staging the Raymond Klibansky (CFH) and Harold Adams Innis and Jean-Charles-Falardeau (SSFC) book prizes and by publishing the *Guide to Scholarly Publishing in Canada*.

The *Guide to Scholarly Publishing in Canada* is intended to help prospective authors to identify the "right" publisher or publishers for their manuscripts. The *Guide* provides the names, addresses, phone numbers, contact persons, and subject lists of Canadian presses which publish books in the humanities and social sciences. Prospective authors should be able to see at a relative glance which publishers suit their needs. For new authors, there are sections on the evaluation process, costing and production of books, and sample contracts to give authors an idea of what to expect in negotiating with a publisher. There is also an updated section on copyright, which will be of interest to all authors.

We should like to stress that the *Guide* has been printed at the cost of paper by Marc Veilleux Imprimeur, Boucherville, Québec. We acknowledge with thanks this important support. Moreover, monies from the ASPP "Colleagues in Scholarly Publishing" reserve fund have been used to subsidize the production costs of the fifth edition. All ASPP "Colleagues" should take pride in this first tangible product generated in part through their contributions.

We would also like to thank Harald Bohne, Philip J. Cercone, and Sandra Woolfrey for their contributions to the fifth edition of the *Guide*.

Michael J. Carley, director, ASPP
Johanne Lortie, officer, ASPP

2

TO PUBLISH A BOOK

SUBMITTING A MANUSCRIPT

Most publishers have similar requirements for the physical presentation of a manuscript. A manuscript should be computer printed, with generous margins, double-spaced, on one side only of good quality 8-1/2" x 11" paper. Pages should be loose, and numbered consecutively throughout the manuscript. All quotations and references should be checked for accuracy against the originals. Corrections should be minimal and legible, as a heavily corrected manuscript is not only inconvenient for a publisher, but also raises editorial, production and printing costs.

Publishers recommend that a standard manual of style be consulted in the preparation of a manuscript: e.g., *The Chicago Manual of Style*, 14th edition, published by the University of Chicago Press; or the MLA Style Sheet, published by the Modern Language Association of America. Some publishers have pamphlets available which outline their specific requirements for a submitted manuscript.[1]

A NOTE ON THESES

Publishers are reluctant to consider unrevised theses, mainly because they can seldom be published without extensive rewriting and editorial work. The purpose of a thesis is not primarily publication, but to

---

[1] Footnotes are a particular problem in scholarly works. For a discussion see *The Chicago Manual of Style. The 14th Edition of A Manual of Style Revised and Expanded.* Chicago: University of Chicago Press, 1993. See also Mary-Claire van Leunen. *A Handbook for Scholars.* Revised Edition, Oxford: Oxford University Press, 1992.

3

convince a committee of scholars that the candidate can conduct research independently, gather evidence and prepare a synthesis of his/her findings. Many theses betray their origins by the extreme narrowness of the subject matter and by being obviously directed to a restricted readership (often only the thesis supervisor and committee members).[2]

Nevertheless, some excellent and even one or two best-selling books were originally theses, although they have usually been considerably revised. If the thesis director or committee members agree that the thesis is publishable, it is normally necessary to revise the work preferably allowing a period of time for perspectives to alter and develop. In addition, funding agencies generally share the same views concerning theses. The Aid to Scholarly Publications Programme (ASPP) administered by the Social Science Federation of Canada (SSFC) and the Canadian Federation for the Humanities (CFH) will not consider unrevised theses for a publication subsidy. The ASPP registration form asks the authors of theses to outline the revisions made to the original work. It is, therefore, essential that manuscripts originating as M.A. or Ph.D. theses be submitted only *after* substantial revision.

FINDING A PUBLISHER

Since presses try to develop a strong list of specific subject areas, an author's first step in finding a publisher should be to study their backlists to determine those where the manuscript best fits. This eliminates the delay and frustration of having the work rejected, not on grounds of scholarly content or method, but simply because it is unsuitable to the

---

[2] A good discussion of this question maybe found in a book available at the University of Toronto Press: Eleanor Harman and Ian Montagnes (eds.). *The Thesis and the Book*, Toronto. An excerpt is available at the Aid to Scholarly Publications Programme, 151 Slater Street, #410, Ottawa, Ontario, K1P 5H3.

publisher's list. An author may also save time by telephoning a press to find out if it might be interested in a book on the specific topic of the manuscript. Sometimes presses expand or contract the range of disciplines in which they publish, so that the backlist, while generally a reliable guide, is not infallible.

Finding a publisher for a scholarly book can be a time-consuming process and an author may well decide to make initial approaches before the manuscript is complete. Presses encourage scholars to talk with them about proposed books. The appropriate contact person is the acquisitions editor in the manuscript's subject area. Another appropriate contact may be the publisher's sales representative who periodically visits university campuses and who is expected to relay promising publishing projects to the editorial department. Scholars with a university press on campus should take advantage of its expertise. An early enquiry about a project may lead to useful ideas about possible presses and perhaps to helpful suggestions for the development of the manuscript itself. However, it is only in rare circumstances that a scholar can hope to enter into a publishing contract before the manuscript is completed and evaluated. Advance contracts contain clauses that make publication conditional upon the publisher being satisfied with the manuscript and publication being financially feasible. The latter condition may mean that an ASPP subsidy must be obtained.

When an author approaches a publishing house by letter, either before or after the manuscript is completed, the letter should describe the manuscript in detail and include a copy of the table of contents, the introduction and perhaps two or three sample chapters, in order to give the publisher some sense of the nature of the work. Publishers may also appreciate a curriculum vitae, as this can help to place an author or the subject and to suggest names of appropriate consultants. The author should expect his/her the enquiry to be promptly acknowledged, and if the press is interested, it will ask to see the completed work. Some publishers require two or even three copies, but the author will obviously retain hard and computer copies.

EVALUATION

A scholar is naturally anxious to receive a decision as soon as possible after submitting the manuscript. However, scholarly manuscripts require at least two, and often three qualified assessments before they can fairly be accepted or rejected for publication. After an initial reading by an in-house editor, the manuscript is generally sent to one or two outside readers, who are specialists in the subject of the manuscript. This practice is time-consuming (a reader can take up to three or four months to prepare a report, depending on other activities, the time of year and personal conscience), but the readers' reports often make useful suggestions and are an effective guarantee of high academic standards.[3] In the case of university presses, each manuscript must be presented to an editorial committee[4] before the final decision to publish. The editorial committee is a group of scholars from the sponsoring university, whose role is to maintain the scholarly standards of the university press imprint.[5] The editorial committee may also involve itself in policy

---

[3] See Francess G. Halpenny. "Responsibilities of Scholarly Publishers," *Scholarly Publishing*, 24, 4 (July 1993), 223-231 and Richard T. DeGeorge, & Fred Woodward, "Ethics and Manuscript Reviewing", *Scholarly Publishing*, 25, 3 (August 1994), 133-145. For a presentation on the different types of press and publisher see Ralph E. Matkin; T.F. Riggar. *Persist and Publish: Helpful Hints for Academic Writing and Publishing*. Niwot, Colorado: University Press of Colorado, 1991.

[4]The Aid to Scholarly Publications (ASP) Committee's main function is to ensure that only those manuscripts which make a significant contribution to scholarly knowledge receive a subvention.

[5] See the article by J.G. Goellner, "The Editorial Board: Friend or Frustration," *Scholarly Publishing*, 21, 3 (April 1990), 184-188.

guidelines and individual members often suggest readers for particular manuscripts.

The evaluation process is not only lengthy, but also costly, both in editorial time and readers' fees, and for this reason publishers normally object to the practice of simultaneous submission to more than one publisher. This does not mean, of course, that authors may not send letters of enquiry to several publishers at one time, and then decide on the basis of responses which publisher will be given the first opportunity to consider the manuscript.

REVISIONS

Readers' reports on a scholarly manuscript, even when favourable, usually recommend revisions. Sometimes these revisions are minor and a copy editor can carry them out. More often the recommended changes are such that the author must make them. Once reports recommending revisions have been received, the author should discuss them with the editor. Although in the case of a university press, the editorial committee will make the final decision to publish, the editor should be able to advise the author whether revisions should be undertaken before discussion by the committee, or whether the revisions appear sufficiently minor for the committee to act without further delay. Other than unconditional acceptance or rejection of a manuscript, a press may consider acceptance of a work, subject to certain specific revisions, or it may ask the author to revise the manuscript in the light of the readers' reports and then re-submit it. The degree of the publisher's commitment should be clear; the author should not take it for granted.

It is, of course, always open to an author to disagree over revisions, but before doing so s/he should be persuaded that the real reason is the invalidity of the criticism, rather than a reluctance to do additional work. Where a publisher insists that an author substantially revise a manuscript before resubmitting it, and where the author does not agree that revisions are desirable, the author may consider approaching another publisher. The rejection of a manuscript by one publisher will not necessarily be the verdict of all publishers; the needs of presses differ, as do the opinions of their scholarly readers. Nevertheless, where the original publisher has invested time, effort and money in a manuscript, it is only common courtesy for the author to inform the publisher in advance that s/he is withdrawing the manuscript and submitting it elsewhere.

When an author agrees to undertake revisions, s/he should do them expeditiously. If a granting body such as the ASPP is evaluating the work, the author may prefer to delay revisions until s/he has received the further reports. The ASPP may make the award of a publishing subsidy conditional on the completion of specific revisions.

A delay necessitated by revisions may be frustrating, if it is not anticipated[6]. However, presses have an obligation to publish a manuscript only when persuaded that the work is in its best form. It is the responsibility of readers to assess a manuscript thoroughly and impartially and to recommend alterations which they feel would improve the work and advance scholarship. The ASPP will normally have a heavily revised manuscript reassessed by a reader before making the decision to award a grant or not.

---

[6] Indeed, authors often criticize the whole process of scholarly publishing as unduly lengthy. The problems and conflicting viewpoints are set out in Halpenny, "Of Time and the Editor," *Scholarly Publishing*, 1, 2 (January 1970), 159-169. See also J.W. Ward. "How Scholars Regard University Presses," *Scholarly Publishing*, 16, 1 (October 1984), 33-38.

PUBLISHING COSTS

Unfortunately, a manuscript's contribution to knowledge cannot be the only criterion applied by a publisher in considering a work for publication. Costs must also be a factor. Scholarly publishers may consider that they have an obligation to publish works of excellence, even though they know that the title in question will lose money. Indeed, most scholarly books lose money and it therefore becomes a question of the degree of financial loss. One function of the university press editorial committee is to ensure that commercial considerations do not over-ride those of quality. However, there is a limit to the size of the loss on any one book which a press can afford. In recent years, decreasing revenues have often left the scholarly presses incapable of publishing works which, on grounds of merit, they would have liked to produce. Hence, a publisher may return a manuscript to an author for solely market reasons. Even after a comparatively favourable evaluation, given estimated costs, a publisher may decide that on balance the reports are not sufficiently enthusiastic to justify an important financial loss. Every manuscript is in competition for limited funds with other such manuscripts. Authors may have an over optimistic view of the potential sales of their work. The average potential market for a scholarly book is normally 500-1,000 copies, which means that presses need subsidies to publish. It is terribly frustrating for an author if a manuscript, which has been favourably assessed, is rejected by a publisher for lack of funds. However, an author, supported by persistent favourable readers' reports and an ASPP subsidy will normally find an alternative press.

Assuming that publication is financially feasible and that a manuscript has been accepted on its merits, the conclusion of a contract is the next step in the publishing process. Contracts are discussed and samples given on pp. 19 - 33 below. If the date of publication is not stated in the contract, the author should raise this issue with the publisher.

PRODUCTION

The publisher should consult the author regularly during the production of the book. A copy of the copy-edited manuscript will be sent to the author for approval. The author will also want to correct and verify the galleys or final proofs. Normally, publishers will ask authors for advice on promotion (e.g., which sectors of the scholarly community might buy the book; which journals may review it; which people could help promote it, or adopt it for courses). Jacket and book design are normally done independently of the author, who may, however, ask to see the artwork before printing.

A NOTE ON INDICES

An index is normally expected of works published in the humanities and social sciences[7]. Possible exceptions to the rule are dictionaries and similar works which are largely self-indexed and works composed mainly of illustrative material. The onus to provide an index is upon the author, unless otherwise specified in the contract with the publisher. Should the author not wish to compile the index, the publisher will provide advice as to the availability of professional people in this field. If the author employs an outside indexer, s/he should ensure that the indexer's emphasis is compatible with the main themes of the book. The author should also be clear about the indexer's fee for the work performed.

An index may be prepared early in the production stage, but since page numbers cannot be added until final pageproofs are in hand, it is frequently prepared at that time. Book production is discussed in more detail below, on page 44.

---

[7] See *The Chicago Manual of Style*. 14th Edition. See also D.W. Langridge. *Classification and Indexing in the Humanities*. Toronto: Butterworth & Co., 1976.

COSTING[8]

Two decisions are crucial in costing: the list price and the print run. These decisions are interrelated insofar as the limited sales of a scholarly book - between five hundred and fifteen hundred is the normal range for a print-run - will often mean that the price must be relatively high. On the other hand, the price itself quite often has an optimum level, before sales may be discouraged. Normally, the equation does not balance and the publisher must obtain a subsidy to offset some of the loss.

In the following section, we outline the process by which costs are determined and the suggested retail price calculated for a scholarly book. There is no standard method of costing, but examples are given in the following description to illustrate the possibilities. In general, the approach taken by a trade publisher is the same, although trade book pricing tends to be less elastic because of greater competition and the overhead percentage would usually be closer to 55% of the book's net price, depending of the publisher. As seen below, normal retail discounts are significantly higher[9].

---

[8] See Beth Luey. *A Handbook for Academic Authors*. N.Y.: Cambridge University Press, 1987. See also R. Kinney. "Examining Cost in Producing the Scholarly Monograph," *Scholarly Publishing*, 4, 4 (July 1983), 337-343.

[9] The usual publisher trade discount to bookstores is 40% off the list price of a book. This discount is often on a sliding scale according to the number of copies of a given titled purchased by the book store. For example: single copies 25%; 20-24 copies, 40%; 25-49 copies, 41%; 50-99 copies, 42%; 100 or more copies, 43%. Large orders from the major chains may receive even higher discounts. A short discount is 20% and is usually offered on short-run publications. It is assumed that a book with a short discount does not have to be actively sold by a bookseller (in fact most bookstores will not buy them) and that the publisher does his own sales for these titles.

THE PUBLISHING BUDGET

This discussion is based on a typical scholarly book of 328 pages with a suggested retail price of $44.95. The figures are taken from the final cost analysis of a recently published book subsidized by the ASPP.

1. To arrive at the net income likely to be received from sales of a given title, the publisher establishes what seems to be a reasonable selling price based on the size of the book, its nature, comparable books in the market, and the likely sales-reluctance of customers in the group for which the book is intended. The objective of a scholarly publisher is to sell the maximum number of books to the intended audience, which is somewhat different from seeking to obtain the maximum return. It does not follow that the lowest price will produce the largest number of sales. Experience suggests that the public responds to book prices in ranges, and sales will not necessarily increase in response to a small reduction in price unless it brings the book down into another range. Thus it may not make much difference to the number of sales whether a price for a paperback is $10.50 or $11.50 once it is over $10.00 or whether it is $22.00 or $25.00 once it is over $20.00. The additional revenue can, however, be used to improve the book, extend its promotion, or reduce the size of the subsidy. This phenomenon applies more clearly to books ultimately being purchased with personal funds than with institutional funds, for instance paperbacks, where the list price might influence sales volume. For a casebound or scholarly book, however, a price of 12 - 15 cents a page is quite acceptable.

For the purposes of calculation, assume that $44.95 appears to be an appropriate price for the book in question. The publisher calculates the estimated income from sales as follows:

Suggested retail price: $44.95
A 20% discount is normally given to bookstores and library wholesalers on scholarly books, but books with a wider appeal may be offered at a 40% discount in order to make them more attractive to booksellers. Net amount received per copy sold is therefore: $35.96 ($44.95 less 20%).

Deductions:
Royalty payments to the authors of scholarly books are normally set at 5% of the net price though some publishers are putting them lower. In some cases no royalty may be payable on the first printing.

Overhead:
Overhead is the cost of doing business, including sales commissions, advertising and promotion, warehousing, shipping, billing, accounts receivable, cost of investment, etc. Such costs will obviously vary from book to book but normally are applied to each title as a constant percentage, based on overall expenses in relation to overall income. Overhead costs at most presses involved primarily in scholarly publishing are significantly higher than those of commercial publishers. It is also advisable to separate direct publishing expenses (such as the cost of a direct mail campaign or space advertising) from the general overhead allowance since it involves a basic cost which is not a function of sales volume or selling price.

Net income to publisher:

suggested list price	$44.95
less discount (20%)	8.99
net billing	35.96
less royalty (5%)	1.80
less overhead (80%)	28.76
net income	5.40

2. To arrive at the manufacturing cost of the proposed edition, the publisher obtains cost estimates based on one or more appropriate print-runs. The cost of compilation, press preparation, printing, paper, binding and the jacket as separate items may be calculated separately, but this is not essential so long as compilation, the "one-time" cost (which will be virtually the same no matter how many copies are printed), is separated. Some printers do not break out these plant costs which generally include:

> copy-editing
> design
> production supervision
> proofreading, corrections and author's alterations in proof
> typesetting
> makeup into pages
> engravings, if any, or halftone negatives
> artwork such as graphs or maps that must be drawn for the book
> film and printing plates for offset lithography
> and other costs that will be the same whether one copy is printed or one thousand.

Let us say that the printer quotes (on a quantity of 1,000 copies) $4,500 for typesetting and other one-time costs and $9,062 for paper, printing and binding. To this must be added the cost of copy-editing, design and production supervision which might amount to $3,665 for a total cost of $17,227. On first glance it would appear that the actual cost per copy is $17.23. But allowance must be made for free copies (including statutory deposits in the National Library and copies to authors and funding agencies), review copies, display samples and other complimentary copies, which may run up to 75 or 100; the question should also be asked whether one really expects to sell the whole of the edition within the three to five years one normally budgets for. (Or, perhaps, can one expect to have to reprint during that time and sell more?) In this example, therefore, the unit

14

cost is really $19.14 (i.e. $17,227 divided by 900 saleable copies, allowing 100 for complimentary books).

3. From this calculation the publisher can estimate the net income or - in this instance, as with almost all scholarly books - the shortfall expected for the book in question:

total estimated cost	$17,227
estimated income 900 copies @ $5.40	4,860
shortfall	12,367

This shortfall may be partially covered by a subsidy from the ASPP or some other granting agency, a university press's own financial resources, the publications fund of the author's university, or by a combination of these. If it cannot be covered, the publisher must adjust his/her pricing and may ask the author to waive royalties on the initial print-run.

The following alternatives can be considered:
(a) Reduce the shortfall by increasing the suggested retail price: at $49.95, using the same calculations as shown under items 1 and 2 above, the net income per copy sold would be $7.99, and provided that the higher price would not diminish sales, the net shortfall would be reduced as follows:

total estimated cost	$17,227
estimated income 900 copies @ 7.99	7,191
shortfall	10,036

(b) If the book has sufficient appeal to interest bookstores in carrying it in stock (rather than obtaining it on special order for specific customers only), the print-run may be increased, a more generous author's royalty provided and a trade discount allowed to booksellers.

(c) Some reductions in the shortfall would, of course, result, if economies could be made in the production of the book. The publisher might, for instance, consider using a cheaper grade of paper, adhesive binding, or reducing the time allowed for manuscript editing. This can mean, however, that the physical condition of the paper will deteriorate more rapidly (highly undesirable for a scholarly book with a long shelf life), or that the text will retain errors or inconsistencies (which will be blamed by reviewers on the publisher).

4. Some merits of this method of title budgeting:

    It is conservative and forces the publisher into realistic forecasts.

    It does not consider royalty as part of cost until it is incurred; it is sounder to think of it as a cost of sales rather than a fixed cost.

    It does not use a formula (often quoted) of "three times cost, four times cost", or the like - usually misleading, since there are so many different items included in calculating "cost".

    It uses an actual overhead figure obtained from the study of one's own profit and loss statements.

SUBSIDY

Subsidy has always been important in scholarly publishing. Revenue from the sale of between five hundred and fifteen hundred copies of a book is rarely sufficient to cover such one-time costs as proofreading, editing, press-preparation, design, photo-composition or typesetting and printing. The most important institutional source of funds has been the university, either directly, by supporting individual titles, or indirectly, by subsidizing its university press. But university administrations are asking their university presses to become financially viable, or at least more so because they wish to reduce or eliminate direct or indirect press subsidies.

Scholarly books in the humanities and social sciences may be eligible for an ASPP publication grant.[10] As most scholarly manuscripts require financial support to assist publication, *authors are strongly advised to enquire about the possibility of obtaining a subsidy at the same time as their initial approach to a publisher.*

The ASPP is designed to assist the publication of works of advanced scholarship which make an important contribution to knowledge, but which are unlikely to be self-supporting. Manuscripts in the humanities and social sciences are considered if they meet ASPP eligibility criteria. The ASPP helps to defray the publisher's deficit on the production and marketing of the book. A grant does not cover the cost of research, inputting, translation, photocopying or any other form of manuscript preparation.

An author or a publisher may apply for a grant-in-aid for a specific manuscript. It should be borne in mind that an ASPP subsidy will, normally, only be paid to Canadian publishers. Since most publishers in this country have effective international distribution, an author whose manuscript may require a subsidy must approach suitable Canadian presses (the ASPP staff will suggest names) before seeking a publisher abroad. *Indeed, an author, desiring an ASPP subsidy, should not sign a contract with a foreign publisher without prior ASPP approval.*

A full description of the book, with the table of contents, preface, introduction and a complete registration form should be sent to the ASPP. A registration form, other information and assistance may be obtained

---

[10] More information can be obtained by writing to the ASPP, 151 Slater Street, Suite 410, Ottawa, Ontario, K1P 5H3, or Internet: aspp@acadvm1.uottawa.ca

17

from the ASPP secretariat. The author will then be informed whether his/her work appears eligible for support and, if so, how s/he should apply for a grant. However, the ASPP will not commit itself to support publication until it has had the final and complete manuscript evaluated by independent assessors. Evaluation can be a lengthy process and delay should be foreseen. The process usually takes 7-8 months, though the ASPP is continuously endeavouring to shorten the period of time necessary for evaluation.

It should also be noted that the number of grants to which the ASPP can commit itself in principle is limited by the financial support it receives form the Social Sciences and Humanities Research Council of Canada. Until 1992, every manuscript considered worthy of publication on scholarly grounds by the ASP Committee received an ASPP grant in principle. For the first time in 1992, the ASPP had to institute an adjudication process because it no longer had the financial resources to subsidize all approved manuscripts. During periods of adjudication, the highest rated manuscripts are approved at once and all others are sent to the Adjudication Committee which meets every three months. The Committee approves as many manuscripts as financial resources allow. A manuscript may be considered twice by the Adjudication Committee after which it is set aside, having been approved in peer review but unfunded because of inadequate financial resources.

CONTRACTS[11]

Most publishers offer a standard contract to their authors, with slight variations regarding the retention of copyright, the exact percentage of royalties, deadline dates and arrangements for secondary rights. Secondary rights include such items as translation rights, paperback rights and foreign editions. Although the revenue from such subsidiary rights in a scholarly book is likely to be limited, these arrangements benefit the author in other ways, principally by ensuring a wider audience for the work. In Canada, translation from one official language into the other is increasingly common. The author may wish to query the publisher about the possibilities of a translation of his/her work, while at the same time ensuring that potential financial benefits to him/her are not ignored.

The first clause usually grants the publisher all or specified publishing rights over the manuscript in question. A date for manuscript delivery is set and the publisher is protected against late or nondelivery of the manuscript. It is in the author's interest to ensure that publication is guaranteed within a stated length of time after delivery of the manuscript.

An author's guarantee is part of a standard contract: it ensures that the author is sole proprietor of the work, that the work does not infringe on existing copyright, that it has not been previously published in book form and does not contain libellous matter. This clause protects the publisher against all claims, actions and law suits which might arise form any unlawful matter contained in the work. This means that the publisher can recover from the author, if the latter (or both publisher and author) is sued.

---

[11] See Kirk Polking (ed). *The Writer's Friendly Legal Guide: An Easy-to-use, Accessible Guide to Copyright, Libel, Contracts, Taxes -- Everything Writers Need to Know to Avoid Legal Hassles.* Cincinnati, Ohio: Writer's Digest Books, 1989.

Succeeding clauses cover printing schedules (including responsibility for the cost of author's alterations in proof stage), financial statements, royalty payments, responsibilities for design, editorial matters, revised editions, translation and subsidiary rights, number of free copies to the author and termination and revision of rights. Some contracts include a bankruptcy clause and an option clause on the author's next manuscript.[12]

The following are two typical contracts.

---

[12] The option clause seems more appropriate for those firms that publish poetry or fiction. An academic author tends to avoid it because his\her next book may be inappropriate to his/her present publisher.

CONTRACT
THIS AGREEMENT MADE
the 14th day of November, 1994
BETWEEN:
WILFRID LAURIER UNIVERSITY PRESS
(hereinafter called "WLU Press")
of the FIRST PART
and
I.M. AUTHOR
(hereinafter called the "Author")
of the SECOND PART.

IT IS MUTUALLY AGREED BETWEEN THE PARTIES HERETO for themselves and their respective heirs, executors, administrators, assigns, or successors, as follows:

1. The Author hereby grants and assigns to WLU Press the sole and exclusive world copyright to produce and publish in book form and as hereinafter provided, subject to the following conditions, the literary work at present entitled

(hereinafter called the "work").

2. (a) The Author will prepare the work for press and deliver the same to WLU Press in a state fit for the printer and will from time to time and within ten (10) days from the receipt thereof revise and return the proof sheets for press and will provide an index if requested by WLU Press to do so and the Author will, if required by the publishers to do so, make all alterations and additions needed for subsequent editions of the work.

   (b) The Author's obligations under this paragraph, without restricting the generality of the foregoing, shall include the provision for copy-editing by the publishers of a clean manuscript, typed double-spaced on one side only of good bond paper. All footnotes shall be typed double-spaced and numbered sequentially at the end of the manuscript. A manuscript containing handwritten comments and revisions other than minor corrections is unacceptable. The manuscript submitted for copy-editing must use inclusive language, in accordance with the specifications of the publishers.

   (c) The Author shall also furnish, in camera-ready form, any charts, diagrams, or photographs that are to be included in the work. Any such charts, diagrams, or photographs must be in a form and of a size capable of photographic reduction to fit the page size of the work. Additional work will be billed to the Author at cost. Specifications should be discussed in advance with WLU Press.

21

(d) The Author is requested to discuss questions of style, spelling, and general specifications with WLU Press prior to production. The house style of WLU Press will be used unless otherwise stipulated in advance.

3. WLU Press will, unless prevented by the lack of sufficient publication subvention or other conditions beyond its control, publish the work within eighteen (18) months of the date of receipt of the final version of the manuscript which has been revised to meet the conditions established by the WLU Press Editorial Committee and outlined to the Author in its letter of conditional acceptance.

4. All details as to the time, manner, and price of production, sale, and advertisement of each edition of the work, will be subject to the sole discretion of WLU Press, which will bear the risk and expense of production, publication, and advertisement.

5. The Author guarantees to WLU Press that the work has not heretofore been published in whole or in part in book form and hereby undertakes with WLU Press and warrant that the work and any revisions or new editions thereof that the Author may hereafter furnish to WLU Press will in no way violate any copyright belonging to any other party and contain nothing of a libellous or objectionable character and hereby undertake and agree that in the event WLU Press is put to any loss and/or expense as a result of any violation of copyright or the inclusion of any libellous or objectionable matter to pay to WLU Press by way of an agreed liquidated damages for the breach of such undertaking and/or warranty a sum equivalent to the amount of such loss and/or expense. The Author's responsibility shall include, without limiting in any way the generality of the foregoing, obtaining any authorizations or approvals for any materials to be included in the work.

6. In consideration of the grant made under paragraph 1 hereof subject to the exceptions hereinafter mentioned, WLU Press will, in addition to publishing the work, do the following:

(a) Publicize the work and promote sales of the work. Such publicity and sale shall be in the sole discretion and control of WLU Press. The Author covenants and agrees that WLU Press should be free to offer copies of the work for sale at discounted and remaindered prices. The Author also agrees that WLU Press shall have the right to reprint additional copies, when it is deemed by WLU Press to be appropriate to do so.

(b) Furnish up to fifteen (15) copies for review purposes to journals suggested by the Author. The Press will dispatch other review copies to appropriate reviewing bodies.

(c) WLU Press shall arrange for any and all subsidiary rights and photocopying and other reprographic rights on a fee to be negotiated by WLU Press, and to be divided evenly between the Author and WLU Press.

22

7. Notwithstanding any other provision of this Agreement, the Author and Publisher agree that:

(a) either or both of them may license Canadian Reprography Collective ("CANCOPY"), on behalf of both Author and Publisher for their mutual benefit, to i) administer photocopying and other reprographic rights in the Work, ii) authorize non-commercial reproduction of the Work into alternate format solely for persons who are unable to read print or view visual material because of a physical handicap, and iii) authorize copying by means of electronic database storage and retrieval;

(b) CANCOPY shall make any royalty payments in respect to the Work in accordance with the rules of CANCOPY i) directly to both Author and Publisher, if the Author is a CANCOPY affiliate, or ii) to the Publisher for division with the Author in the manner specified elsewhere in this Agreement, if the Author is not a CANCOPY affiliate; and

(c) a license to CANCOPY pursuant to (a) shall continue after the Work goes out of print or this Agreement terminates, but the Author shall be entitled to receive all royalty payments from CANCOPY in respect to the Work.

8. The parties acknowledge and agree that the rights granted to the Press under this Agreement include all "multimedia rights" in and to the Work, namely the rights:

(a) to store, retrieve, display, perform, communicate, distribute, and market the verbatim text of the Work and any translations thereof:

– in whole or in part (including abridged versions),

– by any electronic, digital, or analogous means now or hereafter known, including but not limited to any wire, radio, visual, optical, or other electromagnetic system, and

– accompanied or not by and interpolated or not with additional text, graphics, audio or audio-visual elements or works; provided that such accompaniment and/or interpolation shall be subjected to the approval of the Artist (which approval will not be unreasonably withheld); and

(b) to reproduce and otherwise use and exploit, by any means now or hereafter known, the results and products of the exercise of the above rights;

provided that "multimedia rights" shall exclude hard-copy print rights other than the right of each consumer to print a single copy of the Work duly retrieved via a multimedia device or service.

The Author hereby makes all waivers necessary to permit exercises of multimedia rights under this Agreement in association with other works, goods, services, products or institutions.

Net receipts from the exercise of multimedia rights under this Agreement shall be divided 50% to the Author and 50% to the Publisher.

9. Royalties will be paid at the rate of X%* (see note) of net. Royalties will no longer be payable after the death of the Author. WLU Press agrees to supply the Author with five (5) complimentary copies of the work on publication and the Author shall be entitled to purchase further copies for his personal use, such copies not to exceed fifteen per cent (15%) of the total publication run, at a discount of 40%. Royalties will be negotiated for second and subsequent printings of the title. At the same time as the Publisher accounts to the writer for any royalties or other revenues, the Publisher shall also prepare an invoice in respect to the Goods and Services Tax (GST) payable on such revenues and forward the invoice to the writer, together with payment of such revenues and related GST, unless otherwise directed by the writer (i.e., if the writer earns $30,000 or less annually from his or her business and has registered for GST).

10. It is understood and agreed that WLU Press is not an insurer of manuscripts, drawings, photographs, and sheets placed in its possession and will not be liable for the loss thereof.

11. The Author agrees to furnish any and all necessary data for cataloguing the work and promoting its sales and are requested to assist WLU Press in obtaining access to mailing lists and to any other information that would facilitate the promotion of the work.

12. At any time after one (1) year from the date of the original publication, WLU Press may cancel this contract under the following terms and conditions:

   (a) WLU Press shall give the Author one (1) month's notice of such cancellation by letter to his last known addresses.

   (b) On receipt of such notice the Author shall have the right to purchase from WLU Press, at cost of the original production, the plates of the text of the work if such plates are in existence and at the disposal of WLU Press. It is understood that the cost of original production of the text plates shall include the cost of typesetting.

13. In the event that a grant or subsidy is or will be available, and irrespective of who has obtained such grant or subsidy, the Author shall relinquish any and all claims to the grant or subsidy, in favour of WLU Press, immediately upon receiving written notice from WLU Press that it will proceed with publication.

14. Full rights under this contract may be assigned or bequeathed by any party hereto by written notice by registered mail to the other party hereto, and the assignee or beneficiary thereof shall have all rights or remedies of the original parties hereto, but only as a whole, and neither party shall assign or bequeath any part interest therein.

15. The Author hereby undertakes that other than for WLU Press they will not during the continuance of this Agreement publish, without the written consent of WLU Press, any abridgement or part of the work in volume form and they will not prepare or publish or be in any way financially interested in or allow their names to be connected with the authorship, its

editorship, or publication of any work of a nature likely to compete with the work.

16. All disputes which may arise under, out of, or in connection with or in relation to this contract shall be submitted to arbitration of two arbitrators (one to be appointed by WLU Press and the other by the Author) who may appoint a third arbitrator and the provisions of the Arbitrations Act of Ontario shall govern the said arbitration. Any award made by the arbitrators or by a majority of them or by the third arbitrator shall be final and binding on all the parties and the parties claiming under them respectively and shall be a condition precedent to the commencement of any action or a suit arising out of or in connection with this Agreement.

17. Regardless of the place of its physical execution or performance, and regardless of the place of residence of the parties, this Agreement shall be interpreted under the laws of the province of Ontario.

18. This Agreement shall inure to the benefit of and be binding upon the heirs, executors, administrators, or assigns of the Author and the Successors or assigns of WLU Press.

IN WITNESS WHEREOF the parties have
hereunto executed this Agreement on the
14th day of November, 1994

WILFRID LAURIER UNIVERSITY PRESS

Per: _____

AUTHOR

Per: _____

*Complimentary copies may be offered in lieu of royalties on a scholarly book with a relatively small market. Royalties are determined by anticipated market for the book and normally don't exceed 7 1/2% of net on the first printing of a scholarly book. The net price is the price at which the publisher sells the book. Publishers sell at discounts of 0 to 55% of the list price.

CONVENTION NO.

Entre:_____

_____

ci-après appelé-e-s auteur-e-s, partie de la première part, et

LES PRESSES DE L'UNIVERSITÉ D'OTTAWA
542, rue King Edward
Ottawa (Ontario), K1N 6N5
tél. (613) 564-2270

ci-après appelé éditeur, partie de la deuxième part,

IL A ÉTÉ CONVENU CE QUI SUIT:
CONDITIONS GÉNÉRALES

1. CESSION DE DROITS-TERRITOIRE

L'auteur cède à l'éditeur, le droit d'auteur pour tous les pays, tel que défini à l'article 3 de la Loi sur le droit d'auteur, sur l'oeuvre provisoirement intitulée:_____
y compris tous les droits d'édition future et de révision de ladite oeuvre.

2. REMISE DU MANUSCRIT

L'auteur remettra à l'éditeur avant le :_____ trois (3) copies complètes et lisibles (ainsi qu'une disquette), satisfaisant l'éditeur quant à la forme et au fond, ainsi que toutes les photographies et les illustrations suggérées. L'auteur fournira également toute préface, table des matières ou index que l'éditeur pourra demander.

3. GARANTIE

L'auteur déclare et atteste devant et avec l'éditeur que l'oeuvre est inédite et de sa composition, sauf le cas de citations empruntées à d'autres oeuvres et pour lesquelles l'auteur déclare avoir obtenu les droits de reproduction nécessaires. L'auteur garantit que le texte de son oeuvre ne viole aucun droit d'auteur, ni celui d'aucune personne, et qu'il ne contient aucune

26

matière scandaleuse, libelleuse ou confidentielle susceptible d'enfreindre quelque loi, et s'engage à tenir l'éditeur indemne de toutes dépenses légales, dommages ou autres découlant de procédures sur ce sujet.

4. EXAMEN ET ACCEPTATION DU MANUSCRIT

Le manuscrit sera soumis à une analyse critique par un comité de lecture anonyme désigné par l'éditeur. L'oeuvre sera publiée par l'éditeur si le comité donne un avis favorable; dans le cas contraire, l'oeuvre sera rejetée par l'éditeur sans que l'auteur puisse s'attendre à rémunération ou dédommagement quelconque pour le travail effectué. L'auteur pourra alors prendre l'initiative de revoir l'oeuvre, mais l'éditeur ne sera pas obligé d'accepter le texte corrigé.

5. PUBLICATION ET DIFFUSION PAR L'ÉDITEUR

a) L'éditeur s'engage à assumer tous les frais de publication de cette oeuvre si le manuscrit est accepté. Il s'emploiera à lui procurer la meilleure diffusion possible, il décidera du titre définitif de l'oeuvre, de la date de parution, du tirage, des remises aux clients, de la forme de publicité jugée adéquate et de la quantité des exemplaires distribués gratuitement.

b) L'édition et la diffusion de cette oeuvre pourraient être soumises au régime de collaboration avec d'autres éditeurs ou diffuseurs.

c) Si deux (2) ans après son acceptation par l'éditeur, l'oeuvre n'a pas été publiée, ou si deux (2) ans après épuisement de l'oeuvre publiée, l'éditeur n'a pas, à la demande écrite de l'auteur, procédé à la réimpression, l'auteur pourra recouvrer ses droits sur préavis écrit de soixante (60) jours à cet effet, transmis par courrier recommandé à l'éditeur.

6. ENREGISTREMENT DU DROIT D'AUTEUR (COPYRIGHT)

L'auteur autorise l'éditeur à enregistrer le droit d'auteur sur l'oeuvre au nom des PRESSES DE L'UNIVERSITÉ D'OTTAWA, 938826 Ontario inc. au Canada et dans tous pays choisis par l'éditeur, et l'auteur à la demande

27

écrite de l'éditeur consent à exécuter toutes les formalités nécessaires à cet effet.

7. CORRECTIONS DE L'AUTEUR

L'auteur s'engage à lire et à corriger les épreuves en placards et en pages, et à donner promptement le bon à tirer pour ne pas retarder la sortie de l'oeuvre. En cas de délai indu, l'éditeur se verrait justifié de procéder lui-même à cette lecture et à cette correction, et d'en imputer le coût à l'auteur. L'éditeur acceptera à son compte les adjonctions, suppressions et remaniements de textes conduisant à des corrections typographiques, jusqu'à concurrence d'un maximum de dix pour cent (10%) du prix de la composition au-delà duquel l'auteur sera débité sur justification des frais encourus.

8. REDEVANCES

En considération des droits d'auteur cédés par la présente convention, l'éditeur s'engage à payer à l'auteur ou à son représentant autorisé les redevances ou autre rémunération suivantes:

a) Pour les exemplaires de l'oeuvre vendus moins les retours, _____pour cent (____%) des recettes nettes, l'expression recettes "*nettes*" signifiant ici les sommes réellement perçues par l'éditeur, après déduction des remises aux clients s'il y a lieu.

b) Lorsqu'il y aura plus d'un auteur, les redevances seront réparties entre eux comme suit:_____

c) Exemplaires endommagés et échantillons: aucune redevance ne sera payée pour les exemplaires endommagés ou détruits, les exemplaires donnés à l'auteur ou ceux distribués gratuitement, sans compensation, dans le but de promouvoir la vente de l'oeuvre.

d) Droits étrangers: pour la vente des droits étrangers découlant de l'oeuvre (incluant, sans restriction, les droits de traduction, adaptation et coédition), l'éditeur paiera à l'auteur, en lieu et place des redevances, cinquante pour cent (50%) des revenus nets de la vente reçus par lui.

28

e) Droits subsidiaires: pour la vente ou l'octroi de permis de vente des droits appelés subsidiaires, incluant, sans restriction, les droits de digests, extraits, résumés, recueils de morceaux choisis, émissions radiophoniques ou télévisées, adaptations théâtrales, reproductions mécaniques, audio-visuelles ou électroniques, l'éditeur paiera à l'auteur, au lieu de redevances, cinquante pour cent (50%) du montant net reçu par lui, à condition, cependant, que l'éditeur en vue de promouvoir la vente de l'oeuvre, puisse, soit lui-même ou en y autorisant d'autres, publier, adapter pour reproduire ou enregistrer des parties de l'oeuvre qu'il jugera utile, sans redevance ou autre rémunération à l'éditeur ou à l'auteur.

f) Invendus: si l'éditeur a en stock, à quelque moment, des exemplaires de l'oeuvre non vendus ou retournés et qui sont invendables aux termes habituels, il pourra solder tels exemplaires et aucune redevance ne sera due à l'auteur s'ils sont vendus au prix coûtant ou en dessous du prix coûtant.

9. PAIEMENT DES REDEVANCES

Les redevances et autres bénéfices dus à l'auteur en vertu de la présente convention seront payés annuellement dans les trois (3) mois qui suivent le trente et un (31) mai, et ledit paiement sera accompagné d'un relevé explicitant le calcul des redevances. L'éditeur s'engage à maintenir un compte spécial de l'auteur à cet effet, et l'auteur ou son représentant autorisé, pourra, sur rendez-vous dans les soixante (60) jours suivant la réception dudit relevé, en effectuer la vérification.

L'auteur doit aviser l'éditeur de l'adresse à laquelle doivent être envoyées les redevances. L'éditeur n'est pas tenu de faire des recherches particulières pour connaître l'adresse de l'auteur.

10. CONCURRENCE DE L'AUTEUR

L'auteur s'engage, dans le futur, à ne publier aucune oeuvre dont le titre, la matière ou la présentation seraient identiques ou analogues, à savoir édition révisée ou autres, et qui constituerait une concurrence directe à l'oeuvre qui fait l'objet des présentes, tant que l'éditeur exercera ses droits.

11. NOUVELLE ÉDITION

Advenant le cas où l'éditeur désire procéder à une nouvelle édition, l'auteur s'engage personnellement, sur demande écrite de la part de l'éditeur à cet effet, à apporter à l'oeuvre les modifications nécessaires pour qu'elle conserve son actualité ou la convenance de son objet, et ce, sans augmentation de ses droits, et dans des limites jugées acceptables par l'éditeur.

A DÉFAUT DE CE FAIRE:

a) Si pour une raison telle la maladie grave, décès de l'auteur ou tout autre motif sérieux d'incapacité porté à l'attention de l'éditeur, l'auteur ne pouvait effectuer cette mise à jour, l'éditeur la ferait exécuter d'office et en imputerait le coût à l'auteur en déduisant les coûts éventuels de ses redevances.

b) Dans le cas de refus ou de négligence de l'auteur d'effectuer cette mise à jour, dans un délai raisonnable de le faire, l'éditeur à sa discrétion, à la suite d'un avis final à cet effet, pourra la faire exécuter d'office, et l'auteur par la présente consent à ce que les coûts en soient éventuellement déduits de ses redevances.

Dans chacun de ces cas, le crédit du travail accompli pourrait être donné au réviseur sur les copies imprimées de la nouvelle édition, à la discrétion de l'éditeur et selon la forme jugée appropriée par ce dernier. Tous droits et obligations de l'auteur et de l'éditeur prévus dans cette convention s'appliquent aux éditions subséquentes à la première.

L'éditeur n'a cependant, après une première publication du manuscrit de l'auteur, aucune obligation de publier une édition révisée ou augmentées de cette oeuvre.

12. EXEMPLAIRES POUR L'AUTEUR

Il sera livré à l'auteur_____exemplaires gratuits de l'oeuvre imprimée ainsi que de chacune des rééditions éventuelles. Au-delà de ce nombre, l'auteur pourra se procurer autant d'exemplaires supplémentaires qu'il le voudra au

30

prix de catalogue moins une remise de trente pour cent (30%), auquel s'ajouteront les frais d'expédition et les taxes en vigueur. Ces exemplaires seront incessibles. S'il y a plusieurs coauteurs les exemplaires gratuits sont répartis également entre chaque coauteur.

13. DÉVALORISATION D'INVENTAIRE

En cas de mévente, c'est-à-dire si, à compter de la cinquième (5e) année après la publication, la vente annuelle représente moins de cinq pour cent (5%) du tirage, ou dans le cas de volumes défraîchis et inutilisables pour la vente, l'éditeur pourra solder ou pilonner la totalité ou une partie des exemplaires restant en stock, à moins que l'auteur, sur invitation écrite valable pour soixante (60) jours ne préfère les racheter à un prix qui ne saurait excéder quarante pour cent (40%) du prix du catalogue, mais sans bénéficier des droits d'auteur. Dans ce cas, l'auteur ne pourra remettre les exemplaires dans le commerce qu'après avoir fait disparaître le nom de l'éditeur de la page de titre et de la couverture.

14. GARDE DU MANUSCRIT

L'éditeur à sa discrétion pourra conserver à titre de propriété le manuscrit et les documents y annexés, nonobstant les modalités de rétrocession des droits d'auteur stipulés au paragraphe (c) de la clause (5).

15. CONTESTATION

En cas de contestation relative à la présente convention, les deux parties pourront recourir à l'arbitrage ou s'adresser aux tribunaux compétents. Attribution expresse de juridiction est faite aux tribunaux du district d'Ottawa, de la province d'Ontario, Canada.

Tout avis prévu à la présente convention doit être transmis par courrier recommandé aux adresses mentionnées dans cette convention ou à de nouvelles adresses signifiées elles-mêmes par courrier recommandé, et sera considéré comme ayant été donné de par son expédition. Les épreuves en pages ou en placards, les relevés de compte et les remises d'argent pourront cependant être envoyés par courrier ordinaire.

16. RÉSERVES ET RÉSILIATION

L'observance des clauses de la présente convention reste sujette aux restrictions gouvernementales et aux empêchements de force majeure comme la guerre, les grèves, les émeutes et autres conditions hors du contrôle des parties; dans de telles conjonctures, les parties auraient le droit de résilier la présente entente ou de différer son exécution.

Advenant le cas où quelqu'une des situations suivantes surviendrait:

a) Défaut par quelqu'une des parties aux présentes d'exécuter une obligation et de corriger ledit défaut dans les soixante (60) jours suivant la réception d'un avis écrit à cet effet.

b) Défaut par l'éditeur d'effectuer le paiement des redevances, tel que stipulé dans l'article huit (8) et de corriger ledit défaut dans les trente (30) jours suivant la réception d'un avis écrit à cet effet, la partie qui aura ainsi mis l'autre partie en défaut pourra mettre fin à la présente convention.

En cas de résiliation, l'auteur reprend tous les droits cédés par la présente, sauf pour ce qui est des cessions ou autorisations antérieurement consenties par l'éditeur à des tiers.

17. NULLITÉ D'UNE CLAUSE

Les clauses de la présente convention sont séparables et la nullité de l'une d'entre elles n'entraîne pas automatiquement la nullité de la convention.

18. TRANSFERT

L'éditeur pourra céder ses droits en vertu des présentes ou tout intérêt qu'il y possède. L'auteur pourra céder son droit de recevoir toute somme à lui due en vertu des présentes, mais tout tel transfert par l'auteur ne sera valide à l'égard de l'éditeur tant et aussi longtemps que ce dernier n'en aura pas reçu avis écrit.

32

19. DISPOSITIONS SPÉCIALES

L'auteur s'engage à informer l'éditeur de son statut relatif aux législations fédérale et québécoise sur la vente des produits et services. Il l'avisera également de tout changement à ce statut au cours d'une période quelconque de l'application du présent contrat.

Il est entendu que le calcul des redevances ne comprendra aucune taxe de vente perçue par l'éditeur sur les ventes faisant l'objet desdites redevances.

20. CONDITIONS SPÉCIALES

EN FOI DE QUOI, l'auteur a apposé sa signature et l'éditeur a signé le présent contrat par ses officiers autorisés, à la date mentionnée.

AUTEUR-E-S   LES PRESSES DE L'UNIVERSITÉ D'OTTAWA
                    938826 Ontario inc.

_____

_____   _____
_____   Officier
                    Marie-Claire Borgo, Directrice générale

                            Sceau

                    _____
                            Témoin

Fait à _____, le_____jour de_____19_____.

COPYRIGHT (updated by Harald Bohne, former director, UTP)

Copyright comprises the sole right to do, and to restrain others from doing, certain things in relation to an original work which are by law reserved to the copyright owner. That law is embodied in the Canadian Copyright Act of 1921, which came into force in 1924 and which with minor amendments has remained in effect until 1988 when a bill introduced in the House of Commons resulted in a number of revisions. The issues modified by Bill C-60, the ongoing revisions of the Act and relevant in the context of this paper, include:
- the protection of software
- the collective administration of copyright
- the role of the Copyright Board
- fines covering the infringement of copyright

More specifically, copyright involves the sole and exclusive right to produce or reproduce a work or any substantial portion of it in any material form whatever, as well as the sole right to perform (or in the case of a lecture to deliver) a work or any substantial portion thereof in public. It protects both published and unpublished works, as well as translations. Thus a translation is itself the subject of a separate copyright, which normally vests in the translator. Although the translator protects the translation against infringement by others, his/her right to publish it will be conditioned by his/her freedom to use the original work.

Works Protected by Copyright

Copyright protects every original literary, dramatic, musical and artistic work, whatever the mode or form of expression.

Original here only means that the work must have been created by the author and not copied from someone else. It is the original skill or labour in execution and not originality of thought, which is required.

34

Thus an editor may have a copyright in an anthology or a compilation of works, the copyrights to which belong to their respective authors.

Literary does not mean that the work necessarily has literary merit in the sense in which that term is applied to a great novel. A work may have no meaning in language at all (as for example a list of words used in a telegraph code), but such a work may still be protected by copyright.

Copyright may also subsist in an anthology of materials which are themselves either in the public domain or are not available for re-publication by the editor concerned; in the latter event, the compilation is protected but, as would be true of an unauthorized translation that one might own, one would not be free to publish it. Thus a scholar may propose an anthology of materials that are themselves subject to copyright, secure in the knowledge that the anthology plan is protected even if s/he is unsuccessful in procuring permission to reproduce the individual copyrights involved. The practical implications of this are obviously important to those in the academic world who are teaching and doing research.

In order to attract copyright protection, a work must be expressed in some material form. An *extempore* speech or a lecture not reduced to writing or to written notes is not protected by copyright. Indeed the reporter who reduces such a lecture to writing may have the copyright in his/her report even though s/he did not compose the lecture.

Copyright protects the mode of expression and the labour and skill involved in creating an original work, but not the ideas involved in it. In this respect it is unlike a patent. Nor does copyright protect news or information, but only the mode of expression of the news, e.g., a news story. Although substantiality is a necessary ingredient of infringement, mere duplication of ideas without permission is normally acceptable, the development of the ideas of others frequently being the essence of scholarship itself. But mere paraphrasing, as opposed to verbatim copying, should never be considered a way around copyright privilege.

There is no copyright in a title as such, many titles - especially brief names of books - having been used frequently by different authors. On the other hand an action would be possible if it could be demonstrated that there had been an actual passing off of one work as another of the same or a similar name. But this is not a copyright matter and grounds for a passing off action are an unlikely academic contingency.

Ownership of Copyright

The author is normally the first owner of the copyright. Thus the author of a letter retains copyright in it although the letter itself becomes the property of the person who receives it. The implications of this are of considerable importance to scholars and are discussed further below under *Duration of Copyright*.

In the case of an engraving, photograph or portrait the plate or other original ordered by another person for a consideration will, in the absence of an agreement to the contrary, be the subject of copyright belonging first to the person who ordered such plate or original (s. 13(2) Copyright Act). However section 10 of the Copyright Act provides that the person who was owner of the negative of a photograph at the time that such negative was made shall be deemed to be the author. Where a commercial photographer retains ownership of the negative of a commissioned picture, therefore, and does so by agreement with the person ordering it, copyright may be reasonably assumed to remain with the maker.

The copyright in a work produced by an author in the course of his/her employment under a contract of service or apprenticeship belongs to the employer by virtue of s. 13(3). The contract must be one of service and not for service and the work must be created in the course of the servant's employment. Whether the copyright of a work written by an employee vests in the employer turns on the question of what the employee was employed to do. No one sells or mortgages all the product of his/her brain to the employer with the mere fact of employment. Thus if a teacher writes down lectures, the teacher, not the employing institution, normally owns the copyright in those lectures. Nor does the fact that a portion of a work was done during working hours and use made of the employer's facilities and personnel necessarily render the copyright the property of the employers. The copyright to publications of a university professor belong to the professor, not the university, in the absence of any agreement to the contrary. But it is essential that academic authors take account of any conditions of employment pertaining to copyrights created at their institutions. As with patents, some universities have introduced conditions that would limit the exclusivity of ownership of copyrights created by their faculty members. Conditions of this kind, where they may exist, can limit the right of an author to enter into normal publishing contracts.

Copyright Protection in Canada: The Question of Registration

It is not necessary to register copyright in Canada. Copyright automatically subsists in every original literary, dramatic, musical and artistic work. Nevertheless the Canadian government maintains a Copyright Office for voluntary registration. According to the *Copyright Act*, obtaining a certificate of registration offers the following advantages:
1) Copyright subsists in a work; and
2) The person registered owns the copyright of that work.

Both assumptions might be helpful in claiming infringement of copyright in a court of law, but are not essential to a successful charge. After all, the copyright notice appearing in a publication clearly identifies the copyright owner and we know that copyright automatically exists in a work as soon as it is created.

There is one easy and inexpensive way to register a work other than through the Copyright Office, which charges $35 per title. The method is especially useful for unpublished works. Simply mail a copy of your manuscript to yourself by registered mail. When it has been received, put the unopened package and the registration slip in a safe place. In an infringement suit, opening the package before a judge would serve as proof of the date of creation and ownership of the work.

International Protection

International protection is afforded by the Berne Convention or the Universal Copyright Convention (UCC), Canada having ratified both treaties. No formalities to procure copyright are required under the Berne Convention, although under the UCC a copyright notice must appear in all published copies. The notice comprises three ingredients, viz. the letter "C" in a circle, the name of the copyright owner and the year of first publication. Because when international protection is lost through the omission of the notice it cannot be retrieved, it is important that works published privately or by inexperienced presses bear the notice accordingly in all copies.

Although it is not necessary to register copyright in Canada, the author who wishes to be fully protected in the United States might be wise to ask the Canadian publisher to observe at least the important formalities prescribed by the United States Copyright Act. That legislation establishes procedures for recording transfers in copyright ownership, registering copyright and depositing copies of published works in which American copyright is claimed. Distribution of a work in the United States constitutes publication there, whether it occurs with respect to the original edition or a subsidiary edition, under the working of the U.S. Act. The UCC doubtless serves to protect ownership of copyright in the technical sense even if the statutory formalities are not observed, but such ownership may be unenforceable or the measure of damages available in the event of an infringement may be limited in their absence.

Publication

It may be important to be able to determine when a work was first published. The term of copyright, for example, may depend upon publication and the copyright protection of a work may be lost in certain countries if publication takes place without the appropriate UCC notice being attached (see above).

> Publication is defined by the Act (s.4(1)) as the issue of copies of the work to the public and does not include the performance in public of a dramatic or musical work, the delivery in public of a lecture, the exhibition in public of an artistic work, or the construction of an architectural work of art, but for the purpose of this provision, the issue of photographs and engravings of works of sculpture and architectural works of art shall not be deemed to be publication of such works.

The circulation of a few copies to friends or the sending of a copy to a publisher does not constitute publication. The deposit of a copy of a work in a library probably does not constitute publication in Canada. In the U.S., however, where a work has been deposited in a library, if a borrower can obtain temporary possession, this may constitute publication under U.S. law.

The permission by a copyright owner to an institution, for example, to circulate copies in microfilm or by other methods of duplication may result in publication of an otherwise unpublished manuscript. It is important that in such cases the duration and scope of the licence to publish be established in writing and that the Universal Convention notice be required on all copies so issued. Similarly, some institutions, including libraries, require the deposit by authors of dissertations and similar manuscripts and they may wish to have freedom to publish such materials in the manner just mentioned. In such cases the prudent course of action would be for them to obtain permission in writing from the (future) author as a condition of his/her enrolment in the graduate courses concerned. However, they should not do so as a condition of, say, the conferring of a degree, for the latter timing of such a condition would be *ex post facto*.

Duration of Copyright

Copyright in a published work or a work that has been performed in public with the owner's consent subsists in Canada for the life of the author and fifty years thereafter. The revised United States Copyright Act as well as the legislation in most other jurisdictions provide for generally similar terms. Unpublished works are protected until published with the consent of the copyright owner. The purpose of perpetual protection for unpublished works is to protect the privacy of authors and copyright owners who may not wish to see certain letters, diaries or manuscripts published. In the absence of this protection, copyright owners might well choose to destroy such material. This protection of unpublished works is, of course, of particular significance for scholars in their research.

As a consequence, it is not unusual for letters, diaries and other documents that have not been published to be deposited by the owner in a public archive. In such cases it is important to distinguish between the owner of the documents and the owner of the copyright. The authors of the letters and the diaries own the copyright and it is a breach of copyright to reproduce any part of these without the copyright owner's permission. The so-called fair dealing provisions do not apply to un-published works. The publication of confidential information contained in private letters, diaries and other documents - aside from any copyright question - could be a breach of confidence and an action could be instigated to restrain the use of such information.

Fair Dealing

An infringement of copyright exists only if a substantial part of a work is copied without the permission of the copyright owner. The copying of a phrase or even a paragraph or more without permission will not be a breach of copyright if it is not considered in law to be a substantial part.

It is not always easy for a person to determine what is a substantial part. Quality is more important than quantity and a few paragraphs containing a summary of the main theme of a book of five or six hundred pages could be a substantial part for the purposes of copyright infringement.

It is, however, possible to copy a substantial part of a work with impunity if it is copied and fairly dealt with for any one or more of the five purposes set out in the Act. These purposes are: private study, research, criticism, review and newspaper summary.

Private study only covers the case of a student copying out of a book for his/her own use, not the circulation of copies among other students. Some of the tests to be applied in determining fair dealing are the extent and relative value of the portion copied, whether the work in which the passages are quoted is in competition with the original and the effect on the distribution of the original work. Dramatic criticism, mimicry, editorial comment and parodies are varieties of fair dealing. If substantial parts are copied, attention will be directed to whether more has been copied than is necessary for the purpose. One must also remember that there is no copyright in ideas.

The most controversial area of copyright law, however, has to do with works copied by reprography - a term that embraces the many different kinds of photocopying processes that have become widely available during the past decade and a half. In addition to the photocopy machinery which can duplicate pages or even whole articles with an ease that invites disregard of copyright implications, consideration must also be given to copying in microform, procuring "printouts" from microform, optical scanning techniques and electronic means of dissemination available to duplicate copyright materials.

Since the term 'fair dealing' originated with the Canadian Copyright Act of 1924, it did not envision the large variety of photocopying processes which have become available; as well as photocopying, technology now makes it possible to copy large parts of copyright material in microform, through optical scanning and by various electronic means.

The present Act as revised in 1988 does not deal with exemptions other than those mentioned above, but it has introduced the collective administration of copyright. As a result, Canadian writers and publishers have formed a collective for the administration of reprographic rights, known as *Cancopy*. The collective enters into licensing arrangements with educational institutions, libraries, copyshops and private industry, under which these organizations are permitted to make multiple copies of copyright material. Through reciprocal agreements with similar reprographic rights organizations in other countries, *Cancopy* is able to offer a large international repertoire of copyright material to its licensees.

Divisibility and Transfer of Copyright

The copyright owner may assign the right, either wholly or partially and either generally or subject to territorial limitations and either for the whole term of the copyright or for any other part thereof and may grant any interest in the right by licence but no such assignment or grant is valid unless it is in writing signed by the owner of the right in respect of which the assignment or grant is made, or by his/her duly authorized agent (s.13(4)). Thus one person may own translation rights, another performing rights and so on.

42

An oral licence to reproduce a work, if it can be established, is a defence against an infringement action, but such a licence may be withdrawn at any time. Similarly, a licence may be inferred from the circumstances, e.g. the submission of an article to a journal which subsequently publishes it. However, the rights of a licensee in such cases would not be interpreted as being broader than those implied by the circumstances of the submission, i.e. they probably would not include the right to republish later in book form.

Publishing Agreements

Although a publisher may purchase the whole of the copyright for a fixed amount, it is more likely that s/he will sign a publishing agreement with the author whereby the author transfers to the publisher the copyright in the work subject to certain conditions, including the undertaking of the publisher to publish the work. In return the publisher undertakes to pay the author a royalty on all copies sold. The agreement should also contain provisions for sharing with the author the proceeds of the sale of subsidiary and residual rights, paperback, performing, translation, adaptation and other such rights.

On the other hand, the author may retain the copyright and grant the publisher a licence to publish the work and to administer the selling of subsidiary rights. In such cases the author would normally also contract to share with the publisher what proceeds might accrue from the sale of subsidiary rights. As a rule, the marketing of subsidiary rights, including the granting of permissions to reproduce, the collection of permission fees and the contractual allocation of proceeds are handled most effectively and routinely by the publisher.

It is important to note that every transfer of copyright, including every publishing contract, should be covered by a written agreement. Professional publishers use such agreements as a matter of course and *an author should not let a manuscript go to production without a contract having been signed by both parties.*

Permissions

It is the author's responsibility to obtain permission to use in his/her manuscript any copyright material that is either complete in itself or a substantial part of a work, such as a short story, essay, article or chapter of a book, illustration (including anything not researched and prepared specifically for his/her own work) and more than one or two lines from a poem or song. Permission must also be obtained from the original publisher to reproduce the author's own writing from a previously published book, unless the rights have reverted to the author.

It is sometimes difficult to determine when permission is necessary to quote incomplete sections of prose from longer works. The statutory definition of "fair dealing" cited earlier should be the guide in such cases.

When the manuscript has been accepted, the author should immediately establish with the publisher the procedures regarding the question of permissions.

BOOK PRODUCTION

There is a basic procedure for book production which is followed by all publishers. Briefly, the stages of this procedure include editing, estimation of costs, design and artwork, typesetting, printing and binding. The length of time required for completion of the whole process depends upon the publisher; the printer's schedule and work load; the size, complexity and type of manuscript in question; special editing problems;

number and type of illustrations; possible special paper and binding requirements; and any unforeseen problems at the proof stage.[13]

The first stage in the production process is the editing of the manuscript. Normally, the author will have undertaken considerable revisions and editorial work before delivering the manuscript to a copy editor. Working with the search editor or executive editor, the author will have followed any appropriate readers' suggestions. Even though other scholars have already assessed the manuscript and even though the author has condensed, expanded, corrected, or rearranged the work before it reaches the editor, the copy editing stage is by no means unimportant. Rarely is the copy editor's task confined to checking spelling, dates, names, punctuation, consistency of footnotes and abbreviations and other technical details. More often it will be necessary to remedy infelicities of style, correct ambiguities, ensure that tables and graphs relate properly to the text and in general polish the text. By working closely on the manuscript, the copy editor may come to know it better than anyone except the author and will pick up errors, repetitions and logical inconsistencies that have escaped others who have given a more general appraisal of the manuscript.

As an editor works on a manuscript, s\he usually sends the edited sections to the author for approval or discussion. This is one of several stages of the publishing process at which author-publisher relations can sometimes become strained. It is important for the author and the editor to establish an amicable working arrangement from the beginning, to avoid misunderstandings and hard feelings. For example, the editor should be permitted to make a manuscript conform to "house" format or punctuation. On the other hand, the author should not be required to

---

[13] There are exceptions, as in the case of instant books, inexpensively produced paperbacks, which are written and rushed into print within a few days of the event they describe.

accept changes which may affect the sense of a passage, merely in order to respect house style. There should be mutual agreement through discussion on any major editing and both author and editor should observe deadlines.[14]

When editing is completed, the manuscript is carefully costed, taking into account methods of composition, printing, design, type of binding, cover and jacket, paper stock, length of print run and printing schedules. Book design has become an increasingly important stage in the book production process. Every professionally planned book has an overall design, the most obvious features of which are found in the jacket, the binding, endpapers and layout of the preliminary pages. However, all the physical qualities of the book are determined by the production manager and designer: choice of paper stock, page and margin size, choice of type used for text and headings, the incorporation of illustrative material. In short, the production manager and designer supervise every line and space of a finished book.

When the editing, costing and art and design work are completed, the manuscript is ready for actual production. The production manager is

---

[14] This is only one potential trouble spot in publisher-author relations. From the very beginning it is important that both sides establish rules of cooperation. The publisher should be prompt in his\her acknowledgement of a submitted manuscript, and should not allow the time of evaluation to drag on without keeping the author informed. Once a manuscript is accepted for publication, the author should be willing to let the publisher make the final decisions regarding design, costing, printing, and sales and promotion campaigns. Both author and publisher should carefully observe any established schedules. If the author is asked to return proof by a certain date, s/he should do so; otherwise printing may be thrown off schedule and the author may find book production delayed by six months because it has to be held until the next list. (Many publishers publish seasonally in Spring and Fall lists.) These are only a few examples of issues on which publisher-author relations can be protected by tolerance and good sense on both sides. Some very useful articles on the process of editing and the editor-author relationship have appeared in *Scholarly Publishing* (see bibliography).

ultimately responsible for transforming a manuscript into a printed book, ready for publication. Having cooperated with the editor and designer in costing the manuscript and deciding on design, paper stock and binding, illustrations and the printing process, the production manager chooses the printer and then supervises all stages of production.

The manuscript is typeset (or photocomposed) and, after being checked by a proofreader, galley proofs (long unpaged sheets of type) are sent to the manuscript editor and then to the author for correction[15]. The author should expect to see galley proofs and, ideally, final proofs before the work goes to the printer. A list of proofreader's marks, normally used in the correction of any text follows.

---

[15] Author's corrections at this stage are usually expensive and authors may have to cover this cost. Please refer to the specific clause of the model contracts.

Marginal Mark	Meaning	Corresponding Mark in Text
d	delete	cross through
d (delete and close up)	delete and close up	an̂d
⊃	close up entirely	⌢
#	insert space	⋏
e.g. #	space evenly	⋏
less #	less space	⋏
∠	insert	⋏
∨²	insert a superscript character	∨²
∧₂	insert a subscript character	∧₂
∨'	insert an apostrophe	∨'
∧,	insert a comma	∧,
⊙	insert a period	⊙
;/	insert a semicolon	⋏
⊙ (colon)	insert a colon	⋏
=	insert a hyphen	⋏
(/)	insert parentheses	⋏
[/]	insert brackets	⋏
tr ~	transpose letters of marked words	transpose
9	turn inverted letter	circle inverted letter
⌐⌐	raise letter or word	⌐⌐

48

Marginal Mark	Meaning	Corresponding Mark in Text
⌐⌐	lower letter or word	⌐⌐
⊏	move to left	⊏ move
⊐	move to right	⊐ move
//	align type	//
=	straighten type	=
run on	run on material	∽
¶	new paragraph	¶
no ¶	no paragraph, run on	∽
w. f.	wrong font	circle letter
ital	use italic type	underline
rom.	use roman type	circle letter
b. f.	use bold type	_____ under letter
l. c.	use lower case	stroke through letter
caps	use capital letter	≡ under letter
stet	let type stand as set	. . . as set
×	broken letter	circle broken letter

49

Once the page proofs have been approved, no more changes may be made.[16] The index, which should have been prepared in advance, will be completed by adding pagination. The typeset index will be approved, often by the copy editor and the book is then printed, bound and delivered.

The foregoing account describes the mode of production which is still current and likely to remain so for some time to come, given its proven efficiency. There are other methods of production which have been in use for quite a long time, but the process of copy-editing and proofing has remained unchanged, for it is basic to quality-control. These methods include direct photocopying of typed or wordprocessed text (called 'print-ready text'); and the preparation of microfiches of such text, which has the advantage of reproducing many pages on one cheap fiche and the disadvantage of requiring the use of a microfiche reader. They include also the production of books via the regular offset system, but using once more the typed or word-processed text for photographing and plate-making (this is called using "camera-ready copy").

The point of the three methods above is that they allow for relatively cheap and rapid dissemination of research, even though publishers and authors may not like the physical appearance of the results. People tend to want what they call "a real book" and after centuries of having "real" books, this reaction is understandable. Nonetheless, the quick and inexpensive way is often the only means to publish the results of research which need to be made available relatively quickly, but to a limited audience. There is also an obvious advantage to the use of microfiches for the publication of large amounts of data, such as bibliographic lists, or again for the reproduction of manuscripts which are transliterated

---

[16] A detailed description of the production and manufacturing processed is found in The *Chicago Manual of Style.* 14th edition. See also Johan P. Dessauer. *Book Publishing: A Basic Introduction.* New ed. New York: Continuum, 1989.

and/or translated in the main body of the text (in which case the fiches would be in a pocket in the text or in a separate envelope). Again, where unrevised theses are concerned, it does not make sense to publish them in the normal way: microfilm, microfiches, or publishing on-demand from the print-ready text are the best ways of disseminating such works. Theses rarely gain, or deserve, immortality. Revised theses sometimes do, but they are books.

With regard to the word-processor, there can be few scholars who are completely unfamiliar with it or with a microcomputer provided with word-processing software. Many scholars use them for the ease with which documents can be edited and revised, formatted, subjected to spelling and syntax-checking programmes, automatically paginated, etc. Justification of the text and proportional spacing, the capacity for bold-face print and in some cases for graphics - all such features can yield a professional-looking result, when the text is produced through the appropriate printer. In addition, early versions of the text can be printed rapidly on a low-definition line-printer, which will give copy that is of sufficient quality for editing. Still, despite the increasing sophistication of both hardware and software, the versatility of this equipment remains limited. If files can be loaded onto a mainframe computer, however, one has access to a larger range of editorial manoeuvres and output on a more sophisticated printer results in a highly polished product. Ink-jet printing, while not as crisp or clear as strike-on print, has the advantage of automatically cued type-font and type-size changes.

The development of the word-processor and computer clearly have the potential to involve the scholar more deeply in the process of producing a book.[17] Indeed, this has already occurred to some extent,

---

[17] See the *Chicago Guide to Preparing Electronic Manuscripts for Authors and Publishers*. Chicago: University of Chicago Press, 1987. See also Bruno Giroux. *Guide de présentation des manuscrits*. Québec: Ministère des Communications, Gouvernement du Québec, 1991.

but is not yet as common as some might wish or suppose. However, greater author involvement in the publishing process will only work if publishers find it less costly than traditional methods.[18] The most common practice for publishers is still to use
the author's print-out for the purposes of editing and then to have the edited material keyed-in and typeset in the normal way.

But because modern phototypesetting machines are computer-driven, it is possible to make use of an author's disks (once they are updated with the final revisions) to produce the typeset text. Because most word-processors store information using ASCII (American Standard Code for Information Interchange) codes, whereas phototypesetters use a code known as TTS, it is necessary to use a translation device (sometimes called, informally, a "black box"), if the author's disks are to be used. This is not always easy, because the many varieties of wordprocessors and microcomputers use a number of coding and formatting systems. In addition, codes dealing with such things as line-length, type-size, spacing etc. must be inserted (the term used is "embedded") in the file, a task which is usually performed by the typesetter, who refers to the marked-up copy of the print-out which accompanies the disks. Some publishers, however, use a system of "macro codes", simple mnemonics which an author can input in his/her text and which the typesetting system will recognize as specific format commands. For example, .P might indicate "new paragraph" and .te "end of title". Another input device is the OCR (optical character recognition), which scans a typescript and records the information digitally (including the codes, if they are included in the typescript). OCR devices are becoming capable of recognizing a wide range of typefaces.

---

[18] See Roberta L. Dielh. "Electronic Manuscripts: A Low-Risk Approach," *Scholarly Publishing*, 22, 1 (October 1990), 29-39.

This has been a brief and selective account of some of the features of contemporary technology, indicating the possible links between author, editor and typesetter. Increasing numbers of scholars in Canada have become knowledgeable about the technical aspects of publishing. Moreover small-scale scholarly publishers have emerged such as: Dovehouse Editions, edited by Professor Don Beecher (Carleton University) or Éditions Balzac in Montréal.

Individual authors contemplating the use of a word-processor to produce a manuscript may wish to consider the following advice. When approaching a publisher about your work, do so early on, before the manuscript is finished, to determine if the publisher is interested. Indicate that the work is being produced on a word-processor or micro-computer and be ready to provide detailed information, should the publisher request it. Some presses have prepared guides for authors (and editors) which give their specific requirements. Two examples are *Procedures for Handling Manuscripts Prepared on Computers and Word Processors* issued by the University of Toronto Press; and the Wilfrid Laurier University Press *Author's Guide* (Revised May, 1993). Both are informative and useful.

Nothing has been said in this section on the "electronic book", i.e. the book which exists in a data-base and is accessed on-line or via partial print-out. This process is now in use, and certainly very large data-bases of information (bibliographic, medical, etc.) exist and are of considerable value, as are "electronic" journals. However, the demise of the printed book does not appear on the horizon.

SALES AND PROMOTION

The goal of all publishers is the maximum sale and distribution of each book. In scholarly publishing, sales methods are perhaps more specialized than in trade publishing, since a scholarly book is usually designed for a more specific market. Canadian publishers are faced with two major problems: the relatively small size of the Canadian market compared to that of the United States and Great Britain, and the difficulties of adequate distribution in a country as large as Canada.

As in book production, there are general methods of sales and promotion which are followed, to some degree, by all the publishers listed in this survey.
Promotional activities include the distribution of review copies, press releases and catalogues, direct mail campaigns (advertising circulars are sent to relevant mailing lists), magazine, journal and newspaper advertising, exhibiting books at meetings and conventions, and radio and television interviews with the author. When a manuscript is accepted for publication, the author is often asked by the publisher's promotion department to provide information about himself/herself and about the book. This material is used in the preparation of jacket copy and the publishers' book descriptions which appear in catalogues and advertising copy.

Excerpts from the book in question are sometimes sold to magazines or to other publishers for inclusion in collections or anthologies. Translation rights are often sold to foreign-language publishers. Most publishers employ a foreign agent or try themselves to sell editions of a book to foreign publishers for sale in other countries.

Within Canada and the United States, sales representatives call on university teachers, bookstores and libraries: theirs is the dual role of selling books and looking for new manuscripts, which might be of interest to their firms.

AVANT-PROPOS

C'est en 1986 que le Programme d'aide à l'édition savante (PAÉS) publiait la quatrième édition du *Guide*. Depuis cette date, le milieu de l'édition savante au Canada a connu des changements importants. Certaines maisons d'édition ont fermé leurs portes, d'autres sont disparues pour ensuite réapparaître sous des formes différentes et enfin des nouvelles maisons ont vu le jour. Plusieurs maisons d'édition sont maintenant dirigées par de nouveaux éditeurs et éditrices, directeurs et directrices et toute une nouvelle génération de chercheurs et de chercheures vient de s'établir. L'entreprise scientifique au Canada a souffert des contraintes financières au cours de la dernière décennie, mais elle a, malgré tout, réussi à s'imposer tant au pays qu'à l'étranger.

Au début des années 1940, le Conseil canadien de recherche en sciences sociales et le Conseil canadien de recherche sur les humanités ont fondé "le Programme", comme on le désigne aujourd'hui, afin de promouvoir l'avancement des connaissances au Canada. Les livres à tirage limité ne pouvaient être publiés sans subvention comme c'est encore le cas. Ce fut la raison d'être de la création du PAÉS.

Les trois premiers livres subventionnés par le PAÉS sont parus en 1942. Le Programme a depuis appuyé plus de 3 500 livres, pour atteindre le rythme actuel de 150 à 160 ouvrages par année. Depuis cinquante ans, l'appui financier que procure le PAÉS permet la diffusion de la recherche canadienne dans les disciplines des études humaines et des sciences sociales. Depuis les années 1950, les activités du PAÉS bénéficient des deniers publics indispensables provenant du Conseil des arts du Canada et, à compter de 1978, du Conseil de recherches en sciences humaines du Canada. Le Conseil canadien de recherche en sciences sociales et le Conseil canadien de recherche sur les humanités ont changé de nom dans les années 1970 pour devenir respectivement la Fédération canadienne des sciences sociales et la Fédération canadienne des études humaines. Ces deux Fédérations gèrent conjointement l'administration du PAÉS. Des représentants et des représentantes des

Fédérations siègent au Bureau de direction conjoint (BDC) établi en 1990 afin de superviser les politiques et les opérations du PAÉS. Le PAÉS fait la promotion de l'édition savante au Canada de plusieurs façons. Les prix annuels du livre Raymond-Klibansky (FCÉH), Harold Adams Innis et Jean-Charles-Falardeau (FCSS) ainsi que le *Guide de l'édition savante au Canada* en sont d'excellents exemples.

Le *Guide de l'édition savante au Canada* a pour but d'aider les futurs auteurs et auteures à identifier la maison d'édition qui convient le mieux à leur manuscrit. Le *Guide* fournit la liste des noms, adresses, numéros de téléphone, personnes ressources, et domaines d'expertise des presses universitaires et des maisons d'édition qui publient dans les disciplines des études humaines et des sciences sociales. Une consultation éclaire du *Guide* permet aux futurs auteurs et auteures de situer les maisons d'édition susceptibles de répondre à leurs besoins. Les nouveaux auteurs et auteures trouveront des sections sur la procédure d'évaluation, les coûts et la production des livres et des exemples de contrats. Ces sections devraient préparer les auteurs et les auteures en vue des négociations avec un éditeur ou une éditrice. Tous seront intéressés par la section à jour sur les droits d'auteur.

Nous désirons souligner l'appui de Marc Veilleux Imprimeur (Boucherville, Québec) qui a imprimé notre *Guide* aux coûts du papier. Nous le remercions pour sa contribution importante. De plus, la cinquième édition du *Guide* n'aurait pas été possible sans la contribution provenant du fonds de réserve de la campagne des "Beinfaiteurs et bienfaitrices" du PAÉS. Tous les "bienfaiteurs et bienfaitrices" du PAÉS peuvent être fiers du *Guide*, la première réalisation concrète rendue possible en partie grâce à leurs dons.

Nous désirons aussi remercier Harald Bohne, Philip J. Cercone et Sandra Woolfrey pour leur contribution à la cinquième édition du Guide.

Michael J. Carley, directeur, PAÉS
Johanne Lortie, agente, PAÉS

PUBLIER UN LIVRE

LA PRÉSENTATION DU MANUSCRIT

La plupart des maisons d'édition ont des exigences semblables sur la présentation d'un manuscrit. En règle générale, un manuscrit doit être imprimé au laser à double interligne et avec des marges généreuses, sur un seul côté de feuilles de bonne qualité de 8 1/2 pouces sur 11 pouces. Les pages doivent être détachées et numérotées en continu. L'exactitude des citations et des renvois doit être vérifiée au préalable. Les corrections seront minimes et lisibles, car un manuscrit très corrigé, en plus d'incommoder l'éditeur ou l'éditrice, augmente les frais de production.

Les auteurs et les auteures pourront consulter avec profit un guide ou code typographique connu comme, par exemple, *Au service de nos écrivains*, de Léandre Poirier, publié par les éditions Fides à Montréal, ou *La Chose imprimée*, encyclopédie préparée sous la direction de John Dreyfus, publiée en 1977, par les Éditions RETZ à Paris. Certaines maisons possèdent une brochure décrivant leurs normes de publication.[1]

UN MOT SUR LES THESES

Les éditeurs et les éditrices éprouvent des réticences devant les thèses non révisées. Celles-ci ne sont en effet guère publiables à moins de remaniements importants et d'un travail considérable de révision par des professionnels. En effet, une thèse n'est pas normalement destinée à être

---

[1] Les notes au bas des pages de travaux savants posent des problèmes particuliers. Voir à ce sujet l'ouvrage intitulé *Guide de la présentation des manuscrits*. Québec, Ministère des Communications, 1991. Voir aussi le *Chicago Manual of Style. The 14th Edition of A Manual of Style Revised and Expanded*. Chicago: University of Chicago Press, 1993 et Mary-Claire van Leunen. *A Handbook for Scholars*. Revised Edition, Oxford: Oxford University Press, 1992.

publiée; elle doit en premier lieu convaincre un jury d'universitaires que son auteur ou auteure sachent comment poursuivre une recherche et, preuves à l'appui, faire une synthèse des conclusions qu'il ou elle ont pu tirer. Nombre de thèses se caractérisent ainsi par l'étroitesse de leur sujet, ainsi que par la rareté de leur auditoire qui se limite parfois au jury de la thèse.[2] Il n'en reste pas moins qu'un certain nombre d'ouvrages excellents, et même un ou deux livres à grand tirage, proviennent de thèses profondément remaniées. Si le jury estime que celle-ci est digne d'être publiée, une réécriture s'impose ordinairement et, de préférence, après un temps de gestation propice à l'élargissement des perspectives. Par ailleurs, la plupart des organismes qui accordent des subventions partagent l'avis des éditeurs et des éditrices à ce propos. Ainsi, le Programme d'aide à l'édition savante (PAÉS) de la Fédération canadienne des sciences sociales (FCSS) et de la Fédération canadienne des études humaines (FCÉH) n'admet pas à l'examen les thèses non révisées. Si un manuscrit tiré d'une thèse est soumis au PAÉS, il doit être accompagné de la liste des modifications apportées au texte original telle qu'indiquée dans le formulaire d'inscription. Par conséquent, les manuscrits tirés de thèses de maîtrise ou de doctorat ne doivent être soumis qu'après avoir subi des révisions importantes.

A LA QUÊTE D'UN ÉDITEUR

Comme les presses tendent à se spécialiser dans l'édition d'ouvrages relevant de domaines précis du savoir, l'étude de catalogues d'édition est un préliminaire indispensable au choix d'une firme particulière. L'auteur ou l'auteure évitent ainsi la déception de se voir refuser un ouvrage, non

---

[2] On trouve une excellente analyse de cette question dans *La thèse et le livre*, brochure publiée par les Presses de l'Université de Toronto; Eleanor Harman et Ian Montagnes (eds.). *The Thesis and the Book*, Toronto. On peut également en obtenir un extrait en français auprès du Programme d'aide à l'édition savante, 151 rue Slater, bureau 410, Ottawa, Ontario, K1P 5H3.

pas pour des raisons de fond ou de forme, mais simplement parce que l'étude ne s'inscrit pas dans le cadre des sujets publiés par la maison. Il est plus rapide, également, de téléphoner à un éditeur ou une éditrice pour savoir si le sujet du manuscrit l'intéresse. En effet, il arrive quelques fois que les maisons d'édition élargissent ou restreignent leur champ d'intérêts, de sorte que leur catalogue, tout en gardant son utilité, n'est pas un guide sur lequel on peut infailliblement se fier.

Chercher une maison d'édition pour un ouvrage savant peut devenir un travail de longue haleine. Il n'est donc pas nécessaire d'avoir achevé la rédaction du manuscrit pour communiquer avec des maisons d'édition. Les éditeurs et éditrices désirent discuter des projets qui pourraient rencontrer les objectifs visés de la maison. Il s'agit de s'adresser au directeur ou à la directrice littéraire ou de collection ou à l'éditeur ou à l'éditrice responsable de l'acquisition dans le domaine spécifique du manuscrit. Les maisons d'édition encouragent même les universitaires à s'adresser aux représentants et représentantes de commerce puisqu'ils se présentent régulièrement dans les universités et doivent transmettre ce genre d'information au service d'édition. Les professeurs et les professeures d'une université qui possède sa propre maison d'édition devraient profiter de cet avantage. En faisant connaître son projet assez longtemps à l'avance, il est possible de recueillir des renseignements précieux sur les maisons d'édition susceptibles de s'intéresser au travail en question; et parfois même obtenir des conseils utiles à l'élaboration du manuscrit lui-même. Il est rare, cependant, qu'un universitaire puisse obtenir un contrat d'édition avant que son manuscrit n'ait été terminé et évalué. Les contrats qui sont établis avant l'achèvement d'un manuscrit contiennent des clauses qui stipulent que la publication ne sera réalisée qu'à la condition que la maison d'édition ait déterminé de façon satisfaisante la viabilité de publier le manuscrit en terme de qualité et de contrainte financière. Cette dernière condition, pourrait alors nécessiter qu'une subvention soit obtenue.

Lorsqu'un auteur ou une auteure correspondent avec une maison d'édition, soit avant, soit après avoir achevé la rédaction du manuscrit, ils devraient soumettre une description détaillée de l'ouvrage, une copie de la table des matières et de l'introduction, et, si possible, deux ou trois chapitres afin de donner à l'éditeur ou à l'éditrice un aperçu du texte. Il est bon, également, d'envoyer un curriculum vitae pour situer le sujet, et suggérer des spécialistes à consulter. D'ordinaire, l'éditeur ou l'éditrice ne tardent pas à répondre et, si le projet soumis l'intéresse, demandent le texte intégral. Certaines maisons exigent deux ou même trois copies du texte, sur des photocopies de bonne qualité. L'auteur ou l'auteure devraient conserver une copie électronique de même qu'au moins un exemplaire du travail sur papier.

L'ÉVALUATION DU MANUSCRIT

L'auteur ou l'auteure qui soumettent un manuscrit sont, naturellement, impatients de connaître la décision de la maison. Cependant, il est nécessaire, pour une appréciation objective, de faire évaluer un texte savant par au moins deux, et souvent trois spécialistes, avant de l'accepter ou de le refuser. À une première lecture par l'éditeur ou l'éditrice de la maison s'ajoute souvent celle d'un spécialiste indépendant. Ce processus est long, car un spécialiste met parfois trois ou quatre mois à préparer son rapport: cela dépend de ses activités, du moment de l'année et de sa conscience. Il permet cependant de recueillir des conseils utiles et il constitue un excellent gage de qualité.[3] Dans le cas des presses universitaires chaque manuscrit doit être approuvé par un

---

[3] Voir l'article de Francess G. Halpenny, "Responsibilities of Scholarly Publishers," *Scholarly Publishing*, 24, 4 (juillet 1993), 223-231 et Richard T. DeGeorge, & Fred Woodward, "Ethics and Manuscript Reviewing", *Scholarly Publishing*, 25, 3 (août 1994), 133-145. Pour une présentation de différents types de maisons d'édition voir Ralph E. Matkin & T.F. Riggar. *Persist and Publish: Helpful Hints for Academic Writing and Publishing.* Niwot, Colorado: University Press of Colorado, 1991.

comité de rédaction.[4] Ce comité, d'une maison d'édition universitaire, regroupe des membres du corps professoral dont le rôle est d'assurer la qualité intellectuelle des oeuvres publiées sous le sceau de l'université[5]. Le comité de rédaction prend parfois part à l'établissement des politiques générales de la presse et il arrive souvent que ses membres proposent des lecteurs et des lectrices pour l'étude de manuscrits particuliers.

Long, le processus d'appréciation d'un manuscrit est également coûteux par le temps et l'effort consentis par le personnel de la maison d'édition, ainsi que par les honoraires devant être versés aux spécialistes. En conséquence, beaucoup de maisons d'édition savante s'opposent à ce qu'un manuscrit soit soumis simultanément à plusieurs maisons. Cela ne doit évidemment pas empêcher l'auteur ou l'auteure de se renseigner auprès de plusieurs maisons en même temps, afin de déterminer laquelle aura la première chance de considérer le manuscrit.

LES REMANIEMENTS

Même lorsqu'ils rendent un jugement favorable, les lecteurs et les lectrices d'un manuscrit recommandent habituellement des modifications. Celles-ci sont parfois mineures et peuvent alors être confiées à un correcteur ou une correctrice de la maison d'édition. Le plus souvent cependant, elles exigent l'intervention de l'auteur ou de l'auteure. Il est préférable que ces derniers, après avoir pris connaissance des révisions préconisées, discutent avec l'éditeur ou l'éditrice des divers choix de révisions possibles. Dans le cas d'une presse universitaire, la direction

---

[4] Le Programme d'aide à l'édition savante possède un Comité d'aide à l'édition (CAÉS) dont la fonction est d'assurer que seuls les manuscrits apportant une contribution importante à l'avancement des connaissances bénéficient d'un octroi de subvention.

[5] Voir l'article de J.G. Goellner, "The Editorial Board: Friend or Frustration," *Scholarly Publishing*, 21, 3 (avril 1990), 184-188.

est en mesure d'indiquer si le manuscrit peut être soumis sans délai à la décision du comité de rédaction, ou s'il doit encore faire l'objet d'une révision. La direction peut accepter ou refuser le manuscrit. Elle peut aussi l'accepter sous réserve d'y apporter des modifications ou encore demander à l'auteur ou à l'auteure de revoir le texte à la lumière des observations des spécialistes et de le présenter à nouveau. La direction doit préciser clairement dans quelle mesure elle s'engage, afin de ne créer aucune équivoque dans l'esprit de l'auteur ou de l'auteure.

L'auteur ou l'auteure d'un texte savant ont toujours le droit de contester la nécessité des révisions suggérées; cependant, avant de le faire, ils doivent être convaincus que leur opposition se fonde sur le manque de pertinence des critiques, et non pas sur un refus de faire des changements additionnels. Si l'éditeur ou l'éditrice exigent des révisions avant de soumettre le manuscrit à nouveau, et si l'auteur ou l'auteure n'en voient pas la nécessité, ils peuvent alors s'adresser à une autre maison. Le fait qu'un manuscrit ait été refusé sous la forme dans laquelle il a été présenté ne signifie pas nécessairement que toutes les maisons d'édition rendront le même verdict: les besoins des presses et les opinions de leurs spécialistes ne sont pas tous semblables. Néanmoins, lorsque le premier éditeur ou éditrice ont consacré du temps, du travail et de l'argent à l'étude d'un manuscrit, l'auteur ou l'auteure devraient, par simple politesse, donner un préavis s'ils décident de retirer l'ouvrage et de le soumettre à une autre maison.

Lorsqu'un auteur ou une auteure consentent à réviser le texte, ils devraient évidemment entreprendre immédiatement la tâche. Toutefois, si le manuscrit doit être également évalué par un organisme subventionnaire, tel que le PAÉS, ils préféreront sans doute remettre le travail de remaniement jusqu'à ce qu'ils aient pris connaissance de tous les rapports d'évaluation. Le PAÉS exige souvent le remaniement d'un texte comme condition *sine qua non* à l'octroi d'une subvention.

Un sentiment de frustration peut s'emparer de celui ou celle qui n'ont su prévoir les retards entraînés par le processus de révision.[6] Il faut comprendre, cependant, que les éditeurs et les éditrices ne publient un ouvrage savant que lorsqu'ils ont la conviction que celui-ci revêt la meilleure forme possible. Il est essentiel, par conséquent, que les spécialistes évaluent le manuscrit à fond et de façon impartiale, et qu'ils recommandent toute modification susceptible d'en améliorer la qualité. Normalement, le PAÉS exige qu'un manuscrit profondément remanié soit soumis à une autre évaluation, avant d'approuver une subvention de publication.

LES COÛTS DE PUBLICATION

Il est malheureusement vrai que l'excellence scientifique d'un manuscrit ne peut être le seul critère sur lequel un éditeur ou une éditrice doivent fonder la décision de publier. Entre également en ligne de compte la question, non négligeable, du coût. En général, les presses universitaires sentent l'obligation de publier les manuscrits de haute qualité, même au prix d'une perte certaine. En fait, la plupart des livres savants perdent de l'argent et la question est de juger l'ampleur de la perte. D'ailleurs, le comité de rédaction doit veiller à ce que les considérations commerciales ne l'emportent pas sur la qualité. Il existe cependant une limite au nombre de livres qu'une maison d'édition peut se permettre de publier à perte. Depuis un certain nombre d'années, des revenus à la baisse ont souvent empêché les presses universitaires de

---

[6] Quelques auteurs et auteures reprochent même à tout le processus de l'édition savante d'être trop lent. Les divers points de vue sur ce problème font l'objet de l'article de F. Halpenny, "Of Time and the Editor," *Scholarly Publishing*, 1, 2 (janvier 1970), 159-169. Voir aussi J.W. Ward, "How Scholars Regard University Presses," *Scholarly Publishing*, 16, 1 (octobre 1984), 33-38.

publier des oeuvres de valeur qu'elles auraient souhaité faire paraître. L'évaluation elle-même étant coûteuse, il arrive souvent qu'un texte soit renvoyé à l'auteur ou à l'auteure, pour des motifs de rentabilité, après une simple évaluation interne. Même si l'évaluation est assez favorable, l'éditeur ou l'éditrice peuvent, après avoir obtenu une estimation du coût de l'impression, décider qu'en tout état de cause le texte ne paraît pas suffisamment intéressant pour justifier une perte. Bref, la rareté des fonds disponibles fait en sorte que chaque manuscrit concurrence son semblable. Un auteur ou une auteure pèchent souvent par excès d'optimisme quant aux possibilités de vente de l'ouvrage. Le marché pour un ouvrage savant se chiffre normalement entre 500 et 1 000 exemplaires, il faudra au plus tôt solliciter une subvention de publication. Il est exaspérant pour un auteur ou une auteure dont le texte a bénéficié d'un jugement favorable sur sa qualité, de le voir refusé pour des raisons financières. Muni de rapports favorables et une subvention de publication du PAÉS, une personne persévérante conserve néanmoins des chances de trouver une maison intéressée.

À supposer que les coûts de publication d'un manuscrit accepté en raison de sa qualité ne soient pas prohibitifs, il ne reste alors plus d'entrave à la signature d'un contrat d'édition. Nous traitons des contrats à la page 74 et reproduisons deux échantillons à la page 21. Si le contrat ne précise pas la date de publication, il est nécessaire que les deux parties s'entendent sur une échéance approximative.

LA FABRICATION DU LIVRE

Au cours de la production du livre, l'éditeur ou l'éditrice devraient consulter régulièrement l'auteur ou l'auteure. Une copie de l'ouvrage en révision éditoriale est envoyée à l'auteur ou à l'auteure pour approbation et pour des révisions sur l'épreuve préliminaire de même que sur l'épreuve finale. Il est probable que l'on demande l'avis de l'auteur ou l'auteure sur les moyens de promouvoir la vente du livre, afin de préciser les secteurs de la communauté universitaire ou scientifique qui l'achèteraient, les revues savantes qui en feraient une critique et les personnes susceptibles d'adopter l'ouvrage pour leur enseignement. D'ordinaire, la jaquette et la maquette sont conçues indépendamment de l'auteur ou de l'auteure qui peuvent toutefois demander de les examiner avant l'impression.

UN MOT SUR LES INDEX

Un index fait partie intégrante de la plupart des livres en sciences humaines.[7] Peuvent faire exception à cette règle les dictionnaires et ouvrages semblables conçus et exécutés comme des index, et les ouvrages composés surtout d'illustrations. C'est à l'auteur ou à l'auteure qu'incombent la préparation de l'index, sauf en cas de disposition contraire stipulée dans le contrat d'édition. Si l'auteur ou l'auteure n'ont pas l'intention de dresser l'index, il est préférable qu'ils avertissent les presses le plus tôt possible afin que celles-ci suggèrent des spécialistes. L'auteur ou l'auteure devront toutefois suivre de près le travail pour s'assurer que l'index reflète bien les préoccupations centrales du livre. L'index peut être dressé au début de la préparation du manuscrit, mais il est souvent dressé lorsque la pagination de l'épreuve finale du manuscrit est établie. Voir la section sur la production de livres à la page 88 pour de plus amples détails.

---

[7] Voir le *Chicago Manual of Style*, 14th Edition. Voir aussi D.W. Langridge. *Classification and Indexing in the Humanities.* Toronto: Butterworth & Co., 1976.

L'ESTIMATION DU PRIX DE REVIENT[8]

Deux facteurs ont une influence déterminante sur le prix de revient d'un livre: le prix de vente et le nombre d'exemplaires tirés. Ces facteurs sont liés, car le nombre d'exemplaires vendus d'un livre savant impose souvent un prix unitaire élevé (le livre savant est habituellement tiré entre cinq cents et mille cinq cents exemplaires). Par ailleurs, ce prix ne peut souvent dépasser un niveau qui lui est dicté par l'exiguïté du marché. Généralement, l'éditeur ou l'éditrice ne peuvent concilier ces deux facteurs, et doivent obtenir une subvention afin de limiter les pertes.

Dans cette section, nous examinerons diverses façons d'établir les coûts et prix de revient pour un ouvrage savant. Le calcul du prix de revient se fait selon différentes méthodes. Des exemples représentatifs des méthodes en usage sont illustrés dans les pages qui suivent. En général, l'approche favorisée par la maison d'édition commerciale et la maison d'édition savante est similaire. Par contre, la compétition plus intensive rend le prix des ouvrages à grand tirage (commerciaux) moins élastique. Dans ce dernier cas, la marge brute se situe près de 55% du prix et varie quelque peu selon la maison. Comme on le verra plus loin, la remise au détaillant est plus élevée.[9]

---

[8] Pour plus de détails voir Beth Luey. *A Handbook for Academic Authors*. N.Y.: Cambridge University Press, 1987. Voir aussi R. Kinney. "Examining Cost in Producing the Scholarly Monograph," *Scholarly Publishing*, 4, 4 (juillet 1983), 337-343.

[9] La maison d'édition effectue une remise au libraire de 40% du prix de catalogue. Cette remise varie selon le nombre d'exemplaires commandés par le libraire (1 copie, 25%; 20-24 copies, 40%; 25-49 copies, 41%; 50-99 copies, 42%; plus de 100 copies, 43%). Les détaillants de grande surface peuvent recevoir une remise encore plus élevée s'ils commandent en grande quantité. Une remise de 20% est habituellement offerte sur un ouvrage avec un tirage limité. Les libraires ne font pas la promotion pour ce type d'ouvrage (beaucoup de libraires ne les achètent pas). Les ventes se font souvent par l'entremise d'un distributeur ou de la maison d'édition.

LE BUDGET DE PUBLICATION

La présentation suivante est basée sur la production d'un ouvrage savant de 328 pages ayant un prix de vente de 44.95 $. Les données sont tirées de l'analyse des coûts d'un ouvrage récemment publié avec une subvention du PAÉS.

1. Afin de déterminer les revenus nets découlant des ventes d'un titre particulier, l'éditeur ou l'éditrice fixent un prix qui semble raisonnable à partir de la taille du livre, sa nature, le prix des ouvrages similaires sur le marché et la résistance de l'acheteur potentiel du groupe visé. Les presses ont pour but de vendre le maximum de copies du livre à ce groupe visé, ce qui n'équivaut pas à maximiser le retour. Un prix plus bas ne correspond d'ailleurs pas à un chiffre de vente plus élevé. L'expérience démontre que les prix peuvent être fixés à l'intérieur de tranches, et que la baisse d'un prix à l'intérieur d'une tranche particulière n'affectera pas le comportement de l'acheteur et n'aura pas comme effet une augmentation des ventes. Il ne semble donc pas y avoir de distinction entre les ventes d'une édition de poche à un prix de 10.50 $ ou une autre à 11.50 $, du moment que le prix est plus élevé que 10 $. Il en est de même pour les autres tranches de prix; le chiffre de vente n'est pas plus élevé pour un livre coûtant 22 $ plutôt que 25 $ puisqu'il se chiffre au dessus du 20 $. Il faut ajouter que le revenu additionnel peut être utilisé pour améliorer la qualité du livre et pour mieux le promouvoir ou encore réduire le montant de la subvention. Ce phénomène est surtout présent lorsque les ressources personnelles, plutôt que les ressources institutionnelles, sont engagées pour se procurer les livres. Dans le cas d'une édition de poche, le prix de catalogue peut affecter le volume des ventes. Pour les livres cartonnés, un prix de .12 -.15 cents la page est tout à fait acceptable.

Supposons, pour nos calculs, que le prix de 44.95 $ semble approprié pour le livre en question. L'éditeur ou l'éditrice calculent les revenus estimés comme suit:

Prix suggéré au détaillant: 44.95 $ une remise de 20% à 30% pour un livre savant est habituellement octroyée aux libraires et grossistes en livre. Pour les livres à grande diffusion, la remise sera de 40% afin de rendre plus attrayant le livre pour le libraire. Pour chaque copie vendue, disons à 20%, le montant net est de 35.96 $ (44.95 $ moins 20%).

Déductions:
Les paiements des droits d'auteur sur les livres savants varient de 5% du prix net (et quelques fois moins) jusqu'à 10% du prix de vente. Dans certains cas, aucun droits d'auteur ne sont payés sur la première impression.

Frais généraux:
Les frais généraux servent à défrayer les coûts de commercialisation, soit les commissions à la vente, la publicité et promotion, l'entreposage, l'expédition, la facturation, les comptes recevables, les coûts d'investissement, etc. Ces frais varient selon les particularités de chaque livre. On peut tout de même attribuer, pour chaque titre, un pourcentage constant tiré du ratio entre le total des coûts généraux en rapport avec le total des revenus. Les presses qui se consacrent à l'édition savante ont des frais généraux habituellement plus élevés que les maisons commerciales. Il est aussi recommandé de comptabiliser séparément les dépenses directes de publication (comme les coûts d'une campagne postale ou des espaces publicitaires) et les frais généraux alloués à un titre puisque ce sont des coûts de base qui ne varieront pas en fonction des ventes ou du prix de catalogue.

Revenu net de la maison d'édition
Prix suggéré au détaillant	44.95 $
moins remise (20%)	8.99
vente nette	35.96
moins droits d'auteur	1.80
moins frais généraux	28.76
revenu net	5.40

2. Afin de déterminer les coûts de production de l'ouvrage en question, l'éditeur ou l'éditrice obtiennent une estimation des coûts basée sur un ou plusieurs tirages similaires. Les coûts de compilation, de préparation, d'impression, du papier, de la reliure, et de la jaquette peuvent être traités séparément mais ce n'est pas essentiel. La compilation étant un coût unique (demeure pratiquement le même peu importe le tirage) est comptabilisée séparément. Parfois l'imprimeur ne sépare pas les coûts de cette manière. La compilation (frais fixes) comprend habituellement:
    -travail éditorial
    -esquisse (conception)
    -gestion de la fabrication
    -corrections d'épreuve et corrections d'auteur
    -composition
    -mise en page
    -gravures ou négatifs tramés si nécessaire
    -dessins, graphiques, cartes dessinées pour le livre
    -films, plaques, lithographie pour offset
    et autres coûts qui demeurent les mêmes que l'on imprime une ou mille copies.

L'imprimeur fixe le prix à 4 500 $ pour la composition et les coûts uniques et à 9 062 $ pour les frais du papier, d'impression et de reliure. A ceci nous devons ajouter 3 665 $ pour la révision, la conception et la gestion de la fabrication qui sont des coûts encourus par la maison d'édition pour un coût total de 17 227 $. Au premier abord, le coût unitaire est de 17.23 $. Il faut prendre en compte les copies distribuées gratuitement, soit entre 75 et 100 exemplaires pour le service de presse, les présentoirs et autres (incluant le dépôt légal de chaque titre à la bibliothèque nationale et des copies gratuites pour les auteurs et auteures et pour les organismes subventionnaires). Aussi, l'on doit se questionner quant aux possibilités de vendre toutes les copies à l'intérieur des deux ou trois premières années après la publication et pour lesquelles le budget a été dressé. Il est aussi possible que le livre aille en réimpression à l'intérieur de ces premières années. Le coût unitaire est alors de 19.14 $ (17 227 $ divisé par 900 copies en vente alors que 100 copies seront distribuées gratuitement).

3. Sur la base de ces calculs, l'éditeur ou l'éditrice sont plus en mesure d'estimer si le livre produira un revenu ou une perte (les livres savants sont normalement publiés à perte).

coût total estimé	17 227 $
revenu total estimé (900 @ 5.40$)	4 860
perte	12 367

Cette perte peut être couverte en partie par une subvention du PAÉS ou d'autres organismes subventionnaires, par des fonds discrétionnaires de la maison d'édition, ou de l'université à laquelle l'auteur ou l'auteure sont affiliés ou par une combinaison de ces ressources. Si le déficit ne peut être récupéré par ces moyens, la direction de la maison doit ajuster le prix. Il est possible que les auteurs et les auteures soient sollicités par la maison afin de renoncer aux rémunérations provenant des droits d'auteur sur la première impression. Les alternatives suivantes sont aussi à considérer:

(a) Réduire le déficit en augmentant le prix à 49.95 $. Refaire les mêmes calculs énoncés aux points 1 et 2 ci-haut. Le revenu net par copie est de 7.99 $ si on ne prend pas en considération qu'un prix plus élevé pourrait diminuer les ventes.

Le déficit en serait diminué:

coût total estimé	17 227 $
revenu total estimé (900 @ 7.99$)	7 191
perte	10 036

(b) Il est possible d'augmenter le tirage si l'on juge que le livre peut intéresser les libraires à le garder en stock (plutôt que de le commander à l'unité sur demande d'un client ou cliente). Les droits d'auteur et la remise au libraire peuvent être plus généreux.

(c) Réduire les coûts de production du livre pourrait amener une diminution du déficit. L'éditeur ou l'éditrice pourraient choisir d'utiliser un type de papier moins cher, une reliure sans couture, ou réduire le temps de préparation et le travail éditorial effectués sur le manuscrit. Par contre, l'utilisation de produits de moins bonne qualité n'est pas recommandable dans le cas d'ouvrages savants puisqu'une qualité inférieure peut causer une détérioration rapide des livres savants pour lesquels la durée de conservation est assez longue. Aussi, la diminution du travail éditorial cause des erreurs et des inconsistances pour lesquelles la maison d'édition devra porter le blâme.

4. Cette méthode de budget par titre comprend certains avantages:
Elle oblige l'éditeur ou l'éditrice à faire des prévisions réalistes et plutôt conservatrices.

Elle prend compte des coûts des droits d'auteur au moment ou ils sont versés. Il est plus judicieux d'inclure ces droits comme des dépenses pour la vente que comme un coût fixe.

71

Elle n'utilise pas la formule souvent citée de la multiplication par trois ou par quatre des coûts - quelques fois trompeuse puisqu'il y a beaucoup de facteurs qui influencent les coûts.

Enfin notre méthode illustre les frais généraux en chiffres réels basés sur l'examen de l'état des profits et des pertes de la maison d'édition.

LES SUBVENTIONS

Les subventions ont toujours tenu une place importante dans l'édition savante. La vente de mille ou deux mille exemplaires d'un livre suffit rarement, en effet, à couvrir les dépenses non renouvelables comme la composition ou la photocomposition, la maquette, la préparation pour l'impression, la correction et la lecture d'épreuves. Les sources de fonds les plus importantes demeurent les universités, soit qu'elles patronnent directement tel ou tel titre particulier, soit qu'elles subventionnent des presses universitaires. Toutefois, les universités demandent de plus en plus aux presses universitaires de devenir financièrement autonomes ou tout au moins faire en sorte de diminuer ou éliminer les subventions directes et indirectes.

Dans le domaine des sciences humaines, les manuscrits savants peuvent bénéficier des subventions offertes par le Programme d'aide à l'édition savante (PAÉS).[10] Comme beaucoup d'ouvrages savants nécessitent une aide financière pour la publication, *il est fortement conseillé aux auteurs et auteures de s'enquérir des possibilités de*

---

[10] Des précisions sur le Programme d'aide à l'édition savante peuvent être obtenues en s'adressant au: PAÉS, 151, rue Slater, pièce 410, Ottawa, Ontario, K1P 5H3 ou par Internet: aspp@acadvm1.uottawa.ca

subvention au plus tôt, et même au moment de la première démarche auprès d'un maison d'édition.

Le PAÉS se propose de faciliter la publication d'ouvrages qui contribuent de manière importante à l'avancement des connaissances et qui ne pourraient être réalisés sans l'aide d'une subvention. Les manuscrits relevant des domaines des sciences humaines doivent répondre aux critères d'admissibilité du PAÉS.

Le PAÉS tente de combler le déficit de la maison d'édition lors de la production et de la mise en marché d'un ouvrage d'érudition. Les subventions ne s'appliquent pas au coût de la recherche, ni à celui de la dactylographie, de la traduction, de la reproduction ou de toute autre étape relative à la préparation du manuscrit.

Une demande de subvention peut être présentée soit par l'auteur ou l'auteure, soit par la maison d'édition. D'ordinaire, les subventions ne sont payables qu'à des maisons d'édition canadiennes. Comme beaucoup de ces maisons canadiennes sont en mesure d'assurer la distribution à l'étranger, un auteur ou une auteure dont le manuscrit nécessite une subvention d'aide à l'édition sont tenus de s'adresser à des maisons canadiennes (le personnel du PAÉS peut suggérer des maisons appropriées) avant de soumettre le manuscrit à une maison à l'étranger. *Par ailleurs, il est demandé aux auteurs et auteures qui font une demande de subvention, d'obtenir l'accord du PAÉS avant de signer un contrat avec un éditeur étranger.*

Il est nécessaire de faire parvenir au PAÉS une description complète du manuscrit, accompagnée de la table des matières, la préface et l'introduction et du formulaire d'inscription dûment rempli. Les formulaires et brochures d'information sont disponibles au bureau du PAÉS. On fera ensuite savoir à l'auteur ou à l'auteure si l'ouvrage est admissible et, dans l'affirmative, comment procéder pour obtenir la subvention. Cependant, le PAÉS ne s'engage pas avant d'avoir soumis

73

le manuscrit complet à l'appréciation de spécialistes indépendants. Le processus d'évaluation peut parfois être long, surtout lorsque surviennent des retards imprévus. Il dure habituellement 7-8 mois, bien que le PAÉS s'efforce actuellement d'écourter cette période.

Il faut également noter que le nombre d'engagements de principe pour la répartition des subventions est limité par le montant de la subvention globale que lui accorde le Conseil de recherches en sciences humaines du Canada. Jusqu'en 1992, tout manuscrit ayant mérité une subvention pour sa valeur scientifique a reçu la subvention de principe. C'est en 1992, que le PAÉS a invoqué pour la première fois la procédure d'adjudication, les ressources financières ne permettant plus de subventionner tous les manuscrits approuvés. Seuls les manuscrits ayant reçus des cotes élevées sont approuvés sur le champs. Tous les autres manuscrits approuvés sont envoyés au Comité d'adjudication qui se rencontre à chaque trimestre. Le Comité approuve autant de manuscrits que les ressources financières le permettent. Le Comité d'adjudication peut considérer un manuscrit jusqu'à deux reprises après quoi le manuscrit, même s'il est approuvé grâce à l'évaluation par les pairs, ne sera pas subventionné.

LES CONTRATS[11]

La plupart des maisons d'édition proposent à leurs auteurs et auteures un contrat type pouvant comporter de légères variantes en ce qui concerne, par exemple, la conservation des droits d'auteur, le pourcentage des redevances, les dates d'échéance et les dispositions relatives aux droits d'exploitation secondaire. Ces droits s'appliquent à la traduction,

---

[11] Voir l'ouvrage de Polking Kirk (ed). *The Writer's Friendly Legal Guide: An Easy-to-use, Accessible Guide to Copyright, Libel, Contracts, Taxes -- Everything Writers Need to Know to Avoid Legal Hassles*. Cincinnati, Ohio: Writer's Digest Books, 1989.

aux éditions en format de poche et aux éditions à l'étranger. Bien que, dans le cas d'un livre savant, ils ne rapportent guère de revenus à l'auteur ou l'auteure, ils lui rendent néanmoins service, en offrant notamment à son ouvrage une plus large diffusion. Les traductions d'une langue officielle à l'autre sont devenues courantes au Canada. Il appartient ainsi à l'auteur et l'auteure de veiller à ce que le contrat encourage la maison d'édition à s'occuper de l'exploitation secondaire de son livre, tout en préservant les intérêts financiers de l'auteur ou l'auteure.

La première clause accorde habituellement à la maison d'édition la totalité ou une partie des droits d'édition. Le contrat précise, de plus, la date de livraison du manuscrit et prévoit des garanties à la maison, au cas où le manuscrit serait remis en retard, ou ne le serait pas du tout. De son côté, il est dans l'intérêt de l'auteur ou de l'auteure d'exiger que le contrat garantisse la publication dans un délai déterminé, à partir de la date de livraison du manuscrit.

De surcroît, dans un contrat type, l'auteur ou l'auteure certifient qu'ils sont l'unique propriétaire de l'oeuvre, que cette dernière ne viole aucun droit d'auteur existant, qu'elle n'a jamais été publiée sous forme de livre et qu'elle n'est pas diffamatoire. Cette clause protège la maison contre toute réclamation, action ou poursuite à laquelle l'ouvrage pourrait donner lieu. La maison d'édition aura ainsi droit de recours contre l'auteur ou l'auteure s'ils (seul ou avec la maison) sont poursuivis en justice.

D'autres clauses portent sur les dates des diverses étapes de l'impression (avec attribution de la responsabilité des frais occasionnés par les corrections d'auteur à l'étape des épreuves), sur les états financiers, le paiement des redevances, la responsabilité en matière de présentation, les questions relatives à la préparation du manuscrit, les éditions révisées, les droits de traduction et autres droits dérivés, le nombre d'exemplaires gratuits à remettre à l'auteur ou l'auteure, la résiliation du contrat et le retour des droits. Certains contrats renferment une clause dite "de faillite" et une option sur le prochain manuscrit de l'auteur ou l'auteure[12] (voir les deux modèles de contrat d'édition à la page 21).

LE DROIT D'AUTEUR
(mise à jour par Harald Bohne, ancien directeur de UTP)

Le droit d'auteur comporte le droit exclusif d'user d'une oeuvre et d'empêcher les autres d'en user lorsqu'il s'agit d'une oeuvre dont le titulaire est l'auteur ou l'auteure. Ce droit est inclus dans la Loi canadienne sur le droit d'auteur (1921); cette loi, qui a pris effet en 1924, n'a fait l'objet que de légères modifications jusqu'en 1988, année où un projet de loi présenté à la Chambre des communes a entraîné un certain nombre de révisions. Le projet de Loi C-60 et les révisions en cours de la loi ont touché, entre autres éléments pertinents à ce document :
 -la protection des logiciels
 -la gestion collective des droits d'auteur
 -le rôle de la Commission du droit d'auteur
 -les amendes applicables en cas de violation du droit d'auteur

Le droit d'auteur désigne plus particulièrement le droit exclusif de produire ou de reproduire une oeuvre ou une partie importante de celle-ci, sous une forme matérielle quelconque, ainsi que le seul droit d'exécuter (ou s'il s'agit d'une conférence à débiter) une oeuvre ou une partie importante de celle-ci; il protège à la fois les oeuvres publiées et non publiées ainsi que les traductions. La traduction est donc régie par un droit d'auteur séparé qui concerne ordinairement le traducteur ou la traductrice. Bien que ce dernier puisse protéger sa traduction contre les

---

[12] Cette option semble convenir davantage aux ouvrages de création (poésie ou roman). D'ordinaire, les universitaires cherchent à éviter cette clause, sachant que leur prochain livre ne conviendra pas nécessairement au même éditeur.

76

atteintes d'autrui, son droit de publication dépendra de la liberté dont il dispose pour user de l'oeuvre originale.

Oeuvres protégées par le droit d'auteur

Le droit d'auteur protège les oeuvres littéraires, dramatiques, musicales et artistiques, quel que soit le mode ou la forme d'expression.

La version "originale" désigne uniquement l'oeuvre créée par l'auteur ou l'auteure et non pas une copie. Elle tient compte des compétences initiales de l'exécution et non pas de l'originalité de la pensée. Un éditeur ou une éditrice peuvent ainsi détenir un droit réservé sur une anthologie ou un recueil de travaux dont les droits appartiennent aux auteurs et auteures respectifs.

Une "oeuvre littéraire" ne désigne pas nécessairement une oeuvre de grande réputation, au sens où cette expression s'applique parfois à un grand roman. Une oeuvre peut ne comporter aucune signification sur le plan linguistique (comme c'est le cas lorsqu'on constitue un message télégraphique), mais elle peut toutefois être protégée par le droit d'auteur.

Le droit d'auteur peut également régir une anthologie de documents rendus accessibles au public ou dont toute nouvelle publication est interdite par l'éditeur ou l'éditrice concernés; dans ce dernier cas, les documents sont protégés tout comme une traduction non autorisée, que détiendrait éventuellement le titulaire, mais qu'il ne serait pas en mesure de publier. Un écrivain ou écrivaine peuvent ainsi proposer la publication d'une anthologie de documents qui font eux-mêmes l'objet d'un droit d'auteur, certains d'avoir acquis la protection indispensable à la réalisation du projet, même s'ils ne réussissent pas à obtenir le droit de reproduction des diverses oeuvres de l'anthologie. Les répercussions de ce genre sont évidemment importantes pour les personnes chargées d'enseignement ou effectuant des recherches dans les universités.

Pour être protégée par le droit d'auteur, une oeuvre doit être exprimée sous une forme matérielle. Un discours ou une allocution qui n'est pas présenté sous forme de journaliste libellé ou de notes écrites n'est pas protégé par ce droit. En fait, le journaliste qui effectue le compte rendu de cette allocution peut éventuellement détenir les éléments propres à l'obtention de ce droit, bien qu'il ne soit pas responsable de la rédaction du discours.

Le droit d'auteur protège le mode d'expression, le travail et la compétence nécessaires à la création d'une oeuvre originale et non pas les idées qu'elle comporte. Il diffère donc sous ce point d'un brevet. Il ne protège pas non plus les nouvelles diffusées ou informations mais uniquement la manière de les exprimer. Bien que l'importance du message puisse entraîner une violation du droit, la simple reproduction des idées sans autorisation préalable est normalement acceptable, le cheminement des idées formulées par les autres étant essentiel à la recherche. Mais la simple paraphrase, par opposition au compte rendu *in extenso*, ne devrait jamais faire l'objet d'un privilège de droit d'auteur.

Il n'existe pas de droits d'auteur protégeant un titre proprement dit, plusieurs titres - particulièrement les noms succincts de certains livres - ayant été utilisés fréquemment par divers auteurs et auteures. D'autre part, une poursuite en justice pourrait être intentée, s'il était prouvé qu'une oeuvre a été copiée ou publiée sous un nom semblable. Toutefois, ceci ne relève pas des prérogatives du droit d'auteur et il semble peu probable qu'une telle situation se produise dans le domaine universitaire.

Propriété du droit d'auteur

L'auteur ou l'auteure sont ordinairement les premiers titulaires du droit réservé. Ainsi, l'auteur ou l'auteure d'une lettre sont protégés, bien que la lettre devienne la propriété du destinataire. Une telle implication revêt une importance considérable pour les chercheurs et les chercheures et fait l'objet d'un examen au paragraphe ci-dessous intitulé *Période de validité du droit d'auteur*.

Lorsqu'il s'agit de gravures, de photographies ou de portraits, la plaque ou le croquis original, commandé par une personne contre espèces, sera, sauf avis contraire, soumis au droit d'auteur, détenu tout d'abord par la personne ayant commandé ladite plaque ou ledit croquis initial (art. 13(2) de la Loi sur les droits d'auteur). Cependant, l'article 10 de la Loi stipule que le propriétaire du cliché original d'une photographie, lors de la confection du cliché, est considéré en être l'auteur ou l'auteure. Un photographe professionnel qui garde la propriété du négatif d'une photo qui lui a été commandée, ceci avec l'accord de la personne ayant effectué la commande, peut vraisemblablement être considéré comme le titulaire du droit.

Conformément à l'article 13(3), le droit d'auteur d'une oeuvre réalisée par une personne embauchée aux termes d'un contrat de service ou d'apprentissage, est détenu par l'employeur. Le contrat doit toutefois avoir été conclu à des fins rémunératrices et l'oeuvre doit avoir été créée durant les heures de travail de l'employé. Lorsqu'il s'agit de désigner le titulaire, l'employeur invoque alors la nature même du travail accompli par un membre du personnel. Personne ne vend ou n'hypothèque son intelligence à son employeur par le fait même d'accepter l'emploi en question. Il est évident que lorsqu'un membre du corps professoral rédige le contenu de son cours, c'est bien lui, et non pas l'institution qui l'emploie, qui détient le droit réservé du cours. Ce n'est pas parce qu'une partie du travail a été effectuée durant les heures de travail, dans les locaux de l'employeur, que les droits lui sont dévolus. Les droits réservés aux publications d'un professeur ou d'une professeure d'université lui appartiennent, et non pas à l'université, en l'absence de toute preuve du contraire. Mais il incombe aux professeurs et aux professeures de prendre note des conditions relatives aux droits d'auteur et spécifiées par les institutions qui les emploient. Certaines universités ont imposé des conditions qui pourraient limiter l'exclusivité de détention des droits d'auteur sur les oeuvres créées par les membres du corps professoral. De telles dispositions peuvent, dans certaines circonstances, restreindre la liberté d'action d'un auteur ou d'une auteure, lorsqu'ils désirent conclure un contrat avec une maison d'édition.

Protection des droits d'auteur au Canada: la question de l'enregistrement

Au Canada, il n'est pas nécessaire de procéder à l'enregistrement du droit réservé. Le droit d'auteur régit automatiquement les oeuvres originales des domaines littéraire, dramatique, musical et artistique. Mais le gouvernement du Canada garde quand même en activité un Bureau du droit d'auteur, où il est possible d'accomplir pareille démarche — enregistrement du droit d'auteur — sur une base volontaire. En vertu de la *Loi sur le droit d'auteur*, le détenteur ou la détentrice d'un certificat d'enregistrement du droit d'auteur bénéficient des privilèges suivants:
1) le droit d'auteur régit l'oeuvre visée;
2) le détenteur ou la détentrice du certificat d'enregistrement sont propriétaires du droit d'auteur concernant l'oeuvre visée.

Ces deux stipulations peuvent aider si l'on engage des poursuites pour violation du droit d'auteur; elles ne sont cependant pas indispensables au succès d'une telle démarche: après tout, l'avis figurant dans les oeuvres publiées identifie clairement le titulaire du droit d'auteur, un droit qui s'applique automatiquement à toute oeuvre, au moment même où elle est créée.

Le Bureau du droit d'auteur, qui exige 35 $ pour enregistrer chaque titre, n'est pas le seul moyen dont on dispose pour ce faire: il existe une autre méthode, qui est à la fois simple, peu onéreuse et particulièrement utile dans le cas d'oeuvres non publiées. Elle consiste simplement à se poster, par courrier recommandé, une copie de son propre manuscrit. Sur réception du colis, il suffit de le déposer dans un endroit sûr, sans l'ouvrir — en lui adjoignant le récépissé de la poste. En cas de poursuite pour non-respect des droits d'auteur, l'ouverture du colis devant un juge pourrait servir de preuve quant à la date de création et à la propriété de l'oeuvre.

Protection internationale

La protection internationale est accordée en vertu de la Convention de Berne ou de la Convention universelle des droits d'auteur. Le Canada a ratifié les deux traités. La Convention de Berne ne comporte aucune clause exigeant la soumission des droits d'auteur mais la Convention universelle des droits d'auteur (C.U.D.A.) stipule qu'un avis doit figurer dans tous les exemplaires publiés. Il comprend trois éléments: la lettre "c" encerclée, le nom du titulaire et l'année de la première publication. Puisque la protection internationale ne peut être garantie lorsque l'avis n'est pas formulé dans l'oeuvre, il incombe aux maisons d'édition relativement inexpérimentées de redoubler de vigilance.

Bien qu'il ne soit pas nécessaire, au Canada, d'enregistrer le droit réservé, la situation est différente aux États-Unis; l'auteur ou l'auteure désirant être pleinement protégés doit se montrer prudents et exiger que son éditeur ou éditrice au Canada respectent au moins les modalités importantes prescrites par la loi américaine sur les droits d'auteur. Cette loi comporte certaines dispositions pour enregistrer la cession des droits réservés, l'enregistrement du droit d'auteur et le dépôt des copies des oeuvres publiées, couvertes par le droit américain. La distribution de l'oeuvre dans ce pays constitue une forme de publication, qu'elle soit effectuée au chapitre de l'édition originale ou d'une seconde édition, conformément aux dispositions de la loi des États-Unis. La Convention universelle sur le droit d'auteur sert indubitablement à protéger la propriété de droit d'auteur, au sens technique du terme, même si les formalités législatives ne sont pas respectées; toutefois, une telle propriété peut être non exécutoire et les dommages-intérêts obtenus au chapitre d'une violation du droit éventuellement restreints.

Publication

Il importe sans doute de pouvoir déterminer la première date de publication d'une oeuvre. La durée du droit d'auteur peut, par exemple, dépendre de sa publication et la protection que ce droit confère peut être nulle dans certains pays, si la publication ne comporte pas en annexe l'avis stipulé par la C.U.D.A. (voir ci-dessus). La publication est définie par la loi dans les termes suivants, (art. 4(1)):

Pour les fins de la présente Loi, l'expression "publication" désigne, par rapport à toute oeuvre, l'édition d'exemplaires rendus accessibles au public; elle ne comprend pas la présente Loi ou l'exécution publique d'une oeuvre dramatique ou musicale, le débit public d'une conférence, l'exposition publique d'une oeuvre artistique ou la construction d'une oeuvre d'art architectural; cependant, pour les fins du présent paragraphe, l'édition de photographies ou de gravures, d'oeuvres de sculpture et d'oeuvres d'art architectural n'est pas considérée comme constituant une publication de ces oeuvres.

Il ne s'agit pas de publication, lorsque l'auteur ou l'auteure adressent quelques exemplaires de son oeuvre à des proches ou une copie à un éditeur ou une éditrice. De même, au Canada, le dépôt d'un ouvrage dans une bibliothèque n'équivaut probablement pas à la publication. En vertu de la loi américaine, cependant, il y a publication lorsqu'une copie de l'oeuvre est déposée dans une bibliothèque et qu'une personne peut en obtenir la possession à titre temporaire.

Si une institution obtient la permission d'un titulaire de diffuser, par exemple, des copies en microformat ou autre, ces reproductions peuvent constituer la publication d'un manuscrit non publié jusqu'alors. Dans ce cas, il est préférable de préciser auparavant par écrit la durée et la portée des droits de la licence de publication, ainsi que l'avis de la convention universelle, sur toutes les copies publiées. Parallèlement, certaines institutions, y compris les bibliothèques, exigent le dépôt de manuscrits de thèses et autres documents analogues, et désirent également avoir la liberté de publier lesdits documents selon les critères susmentionnés. En pareils cas, il serait sage de leur part d'obtenir la permission écrite de l'auteur ou l'auteure (futurs) contre leur droit de s'inscrire à des cours d'études supérieures. Toutefois, une telle condition ne saurait être accordée contre la remise d'un diplôme, vu qu'elle viendrait alors *ex postfacto*.

Période de validité du droit d'auteur

La protection du droit d'auteur pour une oeuvre publiée, ou une oeuvre ayant été exécutée en public avec le consentement de l'auteur ou de l'auteure, s'applique au Canada durant la vie de l'auteur ou de l'auteure et pendant les cinquante années qui suivent son décès. La version révisée du United States Copyright Act ainsi que la législation de la plupart des autres juridictions possèdent des dispositions semblables. Les oeuvres non publiées sont protégées jusqu'à ce qu'elles soient publiées avec le consentement du titulaire des droits d'auteur. La protection perpétuelle des oeuvres non publiées a pour raison d'être la sauvegarde du droit à la vie privée des auteurs et auteures, et des titulaires de droit d'auteur, qui peuvent ne pas souhaiter la publication de certains journaux personnels, lettres ou manuscrits. En l'absence de pareille disposition, les titulaires des droits réservés pourraient fort bien opter pour la destruction pure et simple des oeuvres. Bien sûr, cette protection des oeuvres non publiées revêt une importance toute particulière pour les universitaires.

Conséquemment, il n'est pas rare que les lettres, les journaux intimes et autres documents non publiés soient déposés aux archives publiques par le propriétaire. Dans de tels cas, il est péremptoire d'établir la distinction entre le propriétaire des documents et le titulaire du droit d'auteur. Les auteurs et auteures des lettres et des journaux intimes sont titulaires du droit d'auteur; ce droit est enfreint lorsque toute partie des oeuvres susmentionnées est reproduite sans la permission du titulaire. Les soi-disante dispositions des actes loyaux ne s'appliquent pas aux oeuvres non publiées. La publication de renseignements confidentiels contenus dans les lettres privées, journaux personnels et autres documents, outre la question du droit d'auteur, pourrait constituer un abus de confiance, et des mesures pourraient être prises pour limiter l'usage de l'information.

Acte Loyal

Seule la reproduction d'une partie importante d'une oeuvre sans la permission du titulaire du droit d'auteur constitue une atteinte au droit d'auteur. La reproduction d'une phrase ou même d'un paragraphe ou plus, sans permission, ne sera pas considéré comme une violation du droit d'auteur si la loi ne stipule pas que cette phrase ou ce paragraphe est une partie importante de l'oeuvre.

Il n'est pas toujours facile pour un profane de déterminer dans quelle mesure un extrait est important; la qualité est plus importante que la quantité et il se peut que quelques paragraphes exposant le thème principal d'un livre de 500 ou 600 pages soient jugés préjudiciables aux fins de la violation du droit d'auteur.

Il est cependant possible de copier une partie importante d'une oeuvre sans pénalité si cette dernière est copiée, de manière loyale, pour atteindre un ou plusieurs des cinq objectifs énoncés dans la loi, soit l'étude personnelle, la recherche, la critique, l'examen et le compte rendu de presse.

L'étude personnelle ne concerne que le cas d'un étudiant ou une étudiante copiant un livre pour son propre usage, et non pour le diffuser auprès des pairs. Certains des tests exécutés pour déterminer le caractère loyal d'un acte visent à cerner l'étendue et la valeur relative de la partie copiée. Par ailleurs, on doit déterminer dans quelle mesure l'oeuvre où sont cités les passages fait concurrence à l'oeuvre originale, et évaluer l'effet qu'elle a eu sur la distribution de l'oeuvre originale. La critique théâtrale, l'imitation, les commentaires de la presse et la parodie constituent des exemples d'actes loyaux. Si des passages importants ont été copiés, il s'agira de déterminer s'il y a eu excès par rapport à l'objectif visé. Il faut également se rappeler que le droit d'auteur ne protège pas les idées.

Le domaine du droit d'auteur qui suscite cependant la plus grande controverse traite des oeuvres de reproduction par reprographie - une expression englobant les différents procédés de photocopie largement utilisés voici plus d'une décennie. Outre le matériel approprié pour copier des pages ou même des articles complets avec une facilité qui invite à passer outre à toute considération en matière de droit d'auteur, il faut également tenir compte de la copie sous forme de microformat, "d'imprimés" tirés de microformats, de techniques optiques et de moyens de diffusion électroniques mis à la disposition du public pour copier les oeuvres protégées par le droit d'auteur.

L'expression «acte loyal» émanant de la Loi canadienne sur le droit d'auteur de 1924, ne prenait évidemment pas en compte la vaste gamme de procédés de photocopie qui ont vu le jour par la suite. Et, aujourd'hui, il y a plus que la photocopie: la technologie nous offre d'autres moyens — lecteur optique, appareils électroniques, etc. — de produire des microformes de larges extraits d'oeuvres protégées par le droit d'auteur.

La loi actuelle, telle qu'elle a été modifiée en 1988, ne traite que des exceptions mentionnées ci-dessus; elle reconnaît cependant la notion de «gestion collective» du droit d'auteur. Résultat: les écrivains, les écrivaines, les éditeurs et éditrices du Canada ont créé un organisme de gestion collective des droits de reprographie, *Cancopy*. Cette société de gestion des droits d'auteur conclut, avec des maisons d'enseignement, des bibliothèques, des entreprises de reproduction et des sociétés privées, des

85

«accords d'octroi de licence» les habilitant à reproduire en multiples exemplaires les oeuvres protégées par le droit d'auteur. Par le truchement d'accords de réciprocité la liant à des organismes qui, dans d'autres pays, s'occupent aussi des droits reprographiques, *Cancopy* est en mesure d'offrir, aux détenteurs et détentrices de licence, un vaste répertoire international d'oeuvres protégées par le droit d'auteur.

Division et cession du droit d'auteur

Le titulaire du droit d'auteur peut céder ce droit, en totalité ou en partie, d'une manière générale ou suivant des restrictions territoriales, pour la durée complète ou partielle de la protection; il peut également concéder, par une licence, un intérêt quelconque dans ce droit; mais la cession ou la concession n'est valable que si elle est rédigée par écrit et signée par le titulaire du droit qui en fait l'objet, ou par son agent dûment autorisé (par. 4 de l'article 13). Une personne peut ainsi acquérir les droits de traduction, une autre les droits d'exécution et de représentation, et ainsi de suite.

Une licence orale permettant de reproduire une oeuvre peut, lorsqu'elle est reconnue, constituer un moyen de défense contre une violation, mais cette licence peut être retirée à n'importe quel moment. De même, certaines circonstances peuvent entraîner l'accord d'une licence, comme par exemple la présentation d'un article à un journal qui le publie ultérieurement. Toutefois, on ne doit pas interpréter par là que les droits du titulaire puissent transcender les circonstances, c'est-à-dire que ces droits ne comportent probablement pas celui de procéder à une publication ultérieure sous forme de livre.

Accords d'édition

Bien qu'une maison d'édition puisse acheter l'ensemble du droit réservé pour une somme déterminée, il est probable qu'elle s'efforcera de signer un accord avec l'auteur ou l'auteure pour la publication, aux

86

termes duquel ceux-ci céderont à l'éditeur ou à l'éditrice le droit d'auteur de l'oeuvre sous certaines conditions, y compris l'obligation de publier l'oeuvre. En retour, la maison d'édition se chargera de payer une redevance à l'auteur ou à l'auteure pour tous les exemplaires vendus. L'accord devrait également englober certaines dispositions, prévoyant le partage avec l'auteur ou l'auteure des bénéfices de la vente, des droits subsidiaires et résiduels, des droits de livre de poche, des droits d'exécution et de représentation, des droits de traduction, des droits d'adaptation et autres.

Par ailleurs, l'auteur ou l'auteure peuvent conserver le droit d'auteur et accorder à la maison d'édition un permis pour publier l'oeuvre et administrer la vente des droits subsidiaires. Dans ce cas, il est probable que l'auteur ou l'auteure s'engagent à partager les bénéfices issus de la vente des biens subsidiaires avec la maison. En règle générale, il est plus judicieux de confier l'administration des droits subsidiaires à l'éditeur ou à l'éditrice qui possèdent l'expérience nécessaire à l'exécution des permis de reproduire, de la collecte des droits de reproduction et de la répartition contractuelle des bénéfices.

Il importe de signaler que toute cession de droit d'auteur, y compris tout accord d'édition, doit être régie par un accord écrit. Les éditeurs et éditrices professionnels rédigent ordinairement de tels accords et il incombe à l'auteur ou à l'auteure de ne soumettre aucun manuscrit aux fins de production avant d'avoir exigé l'adoption d'une telle procédure par la signature des deux parties concernées.

Permissions

Il incombe à l'auteur ou à l'auteure d'obtenir la permission d'utiliser dans leur manuscrit tout matériel protégé par le droit d'auteur et constituant une entité ou une partie comme une nouvelle, une thèse, un article ou un chapitre d'un livre, une illustration (y compris tout sujet que l'auteur ou l'auteure n'ont pas recherché ou préparé précisément pour leur propre oeuvre) ainsi que plus d'une ou deux lignes d'un poème ou d'une chanson. Il est également nécessaire d'obtenir de l'éditeur ou de l'éditrice en question la permission de reproduire les propres écrits de l'auteur ou de l'auteure, extraits d'un livre publié antérieurement à moins que les droits d'auteur soient redevenus propriété de l'auteur ou de l'auteure.

Il est parfois difficile de savoir en quelles circonstances il convient d'obtenir la permission de citer des passages incomplets de prose extraits de certains ouvrages. Il conviendrait dans ce cas de s'en tenir à la définition légale de "l'acte loyal" susmentionné.

Dès que le manuscrit a été accepté, l'auteur ou l'auteure doivent immédiatement s'enquérir des normes imposées par la maison d'édition à l'égard de la question des permissions.

LA PRODUCTION DU LIVRE

La production d'un livre comporte certaines étapes qui sont les mêmes pour tous les éditeurs et éditrices. Ces étapes sont: la révision de la copie, l'estimation des coûts, la conception de la maquette et de l'illustration, et enfin la composition typographique, l'impression et la reliure. La durée du processus varie suivant la maison, le programme et la charge de travail de l'imprimeur, la longueur, la complexité et la nature du texte, le travail de révision nécessaire, le nombre et le genre d'illustrations, le papier et la reliure, et le temps consacré à la correction des épreuves.[13]

---

[13] Le processus comporte des exceptions, comme dans le cas des livres dits "instantanés". Écrits et mis sous presse très rapidement après l'événement dont ils traitent, ces ouvrages se présentent sous forme d'édition très bon marché.

La première étape de la production consiste à réviser le manuscrit. Souvent, l'auteur ou l'auteure auront alloués un temps considérable à cette tâche avant que le manuscrit ne soit envoyé en révision. Travaillant en liaison avec l'éditeur ou l'éditrice ou le chef de révision, l'auteur ou l'auteure auront donnés suite aux suggestions des spécialistes qui leur paraissaient bien fondées. Même si, avant d'arriver en révision, le manuscrit a déjà été passé au crible par des spécialistes, et peut-être condensé, allongé, corrigé ou remanié, la révision de la copie n'en demeure pas moins importante. Parfois, le travail du réviseur ou réviseure ne consiste qu'à vérifier l'orthographe, les dates, les noms, la ponctuation, l'uniformité des notes au bas des pages, les abréviations et autres détails techniques. Plus souvent, ils devront corriger les défauts de style et les ambiguïtés, s'assurer que les tableaux et les graphiques sont bien accordés au texte et, d'une manière générale, d'ajouter un certain fini au texte. Étant appelé à travailler le détail d'un texte, le réviseur ou réviseure en viennent souvent à connaître le manuscrit mieux que toute autre personne, sauf l'auteur ou l'auteure, et relèveront des erreurs, des répétitions et des contresens qui n'avaient pas été remarqués par les lecteurs et lectrices appelés à donner une appréciation générale.

D'ordinaire, et à mesure que le travail de révision progresse, des tranches du texte sont envoyées à l'auteur ou l'auteure pour qu'ils approuvent ou commentent les modifications. C'est une des étapes où les rapports entre l'auteur ou l'auteure et l'éditeur ou l'éditrice peuvent devenir difficiles. L'un et l'autre ont intérêt à créer un terrain d'entente dès le début afin d'éviter les malentendus et les rancunes. Il convient de reconnaître à la maison d'édition, par exemple, le droit d'adapter le manuscrit au "style de la maison". Il ne faut cependant pas demander à l'auteur ou à l'auteure d'accepter, sous prétexte de respecter le style de la maison, des modifications injustifiées et susceptibles de modifier le sens. Toute correction majeure doit être discutée et faire l'objet d'une entente, et les dates limites doivent être observées de part et d'autre.[14]

Lorsque la révision du manuscrit est essentiellement terminée, on établit très soigneusement le coût du livre en tenant compte de méthodes de composition, de l'impression de la présentation, du genre de reliure, de couverture et de jaquette, de la qualité du papier, du tirage et des échéances de l'imprimeur.

On accorde aujourd'hui beaucoup plus d'importance à la présentation du livre. Tout livre de bonne facture exprime une conception d'ensemble où l'on remarque la jaquette, la reliure, les pages de garde et l'aménagement des premières pages. Cependant le maquettiste détermine toutes les qualités matérielles du livre, c'est-à-dire la sélection du papier, le format et les marges, les choix des caractères utilisés pour le texte et pour les titres et la mise en page des illustrations. Bref, la responsabilité du maquettiste s'étend à chaque ligne et à chaque espace du livre.

---

[14] L'harmonie des rapports entre l'éditeur ou l'éditrice et l'auteur ou l'auteure peut être compromise par d'autres difficultés. Il est donc important que les deux parties établissent dès le début certaines règles de collaboration. La direction de la maison doit être prompte à accuser réception d'un manuscrit qu'on lui soumet et ne doit pas laisser s'éterniser le travail d'appréciation du texte sans faire savoir à l'auteur ou à l'auteure ce qu'il advient du manuscrit. Une fois le manuscrit accepté, ce dernier doit consentir à ce que ce soit la maison qui prenne les dernières décisions concernant la présentation, le prix de vente, l'impression et la promotion. Les deux parties doivent veiller à respecter toutes les échéances. L'auteur ou l'auteure doivent retourner les épreuves dans les délais demandés, sans quoi ils risquent de bouleverser le calendrier de l'imprimeur et de retarder de six mois la parution du livre (beaucoup de maisons concentrent leurs publications au printemps et à l'automne). Ce ne sont là que quelques domaines où une attitude de tolérance mutuelle et de bon sens est indispensable à l'harmonie des rapports entre les parties impliquées. La revue *Scholarly Publishing* a fait paraître quelques articles particulièrement utiles sur les questions de préparation du manuscrit et des relations entre auteur ou auteure et éditeur ou éditrice (voir la bibliographie).

90

Une fois terminés la révision de la copie, l'estimation du prix de revient, la préparation de la maquette et le travail artistique, le manuscrit est prêt à être livré à l'imprimeur. Le directeur ou la directrice de la production sont le troisième membre d'un triumvirat qui préside à la transformation du manuscrit en un livre imprimé et prêt à être distribué. Après avoir collaboré avec le réviseur ou la réviseure et le maquettiste pour établir le prix de revient, et choisir la présentation, le papier, la reliure, la nature des illustrations et le procédé d'impression à utiliser, le directeur ou la directrice de la production sélectionnent un imprimeur et contrôlent toutes les étapes de la production.

Une fois le texte composé (par un procédé mécanique ou photographique), on tire des épreuves en placard qui sont d'abord vérifiées à la correction d'imprimerie, puis revues en révision à la maison d'édition et habituellement revues par l'auteur ou l'auteure. Les symboles couramment utilisés pour indiquer les corrections sont énumérés dans les pages qui suivent.

Les signes de correction d'épreuves[17]

cadratin	☐	changer une lettre	é/
demi-cadratin	◪	changer un mot	/deux/
espace fine	⊠	lettre abîmée	⊗
espace justifiante	#	insérer	/
point	⊙	ajouter une lettre	∧u
virgule apostrophe	⌃ ⌄	ajouter un mot	∧une
indice (chiffre)	∧2	supprimer une lettre	ϑ/
exposant (signe, lettre ou chiffre)	⁎ e 2	supprimer un mot	ϑ⊢
rapprocher sans joindre	⌒	supprimer et coller	ϑ/⊃
joindre	⌣	supprimer et espacer	ϑ/#
trait d'union et joindre	⌣	transposer	⎿⌐
tiret d'un cadratin	/−/	faire suivre	2

[17]Cette liste est tirée de: A. Ramat, *Grammaire typographique*, Montréal, 1983, pp.26-27.

réduire le blanc	⟶⟩	en bas de casse (léger romain)	(bdc léger rom.)
augmenter le blanc	⟶//	en bas de casse (léger italique)	(bdc léger ital.)
pousser à gauche	[	en bas de casse (gras romain)	(bdc gr. rom.)
pousser à droite	]	en bas de casse (gras italique)	(bdc gr. ital.)
pousser à gauche et à droite, donc justifier	[ ]	en capitales et bas de casse	(c/b)
pousser à droite et à gauche, donc centrer	] [	en capitales (léger romain)	(cap le'gar rom)
faire nouvel alinéa	L	en capitales (léger italique)	(cap léger ital)
justifier à gauche ⌐ justifier à droite ⌐		en capitales (gras romain)	(cap gr. rom)
chasser sur la ligne suivante	[et	en capitales (gras italique)	(cap. gr. ital.)
porter sur la ligne précédente	le]	en petites capitales (romain)	(p.c)
aligner verticalement	‖	ne rien changer	(bon ......)
aligner horizontalement	═	voir copie	(v. copie)
descendre en bas de casse (sauf le P)	PICADOR	questionner l'auteur	(?)

Une fois que les placards ont été approuvés et retournés à l'imprimeur, celui-ci fait les corrections et la mise en page et tire une nouvelle série d'épreuves qui sont lues de nouveau par la correction de l'imprimerie, révisées et envoyées à l'auteur ou l'auteure. À l'étape des épreuves en pages, les modifications sont coûteuses et fortement déconseillées. Pour combattre l'envie qu'ont parfois les auteurs et auteures de faire des retouches ultimes, la plupart des maisons portent à leur compte une large proportion de frais que cela entraîne.[15]

Une fois les épreuves en pages approuvées, aucune autre retouche n'est admise.[16] L'index, ordinairement établi à l'avance, est complété par la pagination. C'est l'auteur ou l'auteure qui sont censés préparer l'index, mais cette tâche indispensable est parfois assez complexe, et certains préfèrent payer des spécialistes pour les en décharger. L'index, une fois composé, est habituellement approuvé par le réviseur ou la réviseure de copie, et le livre est ensuite imprimé, relié et livré.

Le mode de production décrit plus haut, auquel on a le plus souvent recours à l'heure actuelle, est un système efficace dont on se servira sans doute encore longtemps. Cependant, depuis plusieurs années déjà, on a mis d'autres systèmes à l'essai. Les étapes qui visent à assurer la qualité des ouvrages, telles la révision de la copie et la correction d'épreuves, ne changent pas. En revanche, les méthodes de composition et d'impression peuvent se réaliser selon divers procédés, allant de la simple photocopie du texte dactylographié ou préparé sur un appareil de traitement de texte à la préparation de microfiches. Si ce dernier procédé a l'avantage de

---

[15] A cette étape, les corrections d'auteur deviennent plus dispendieuses et l'auteur ou l'auteure peuvent être tenus d'en défrayer les coûts. Le modèle de contrat stipule les clauses relatives à ce propos (voir la section des contrats modèles).

[16] On trouvera un exposé détaillé du processus de production et de fabrication dans le *Chicago Manual of Style*. 14th Edition. Voir aussi Johan P. Dessauer. *Book Publishing: A Basic Introduction*. New ed. New York: Continuum, 1989.

permettre la reproduction de plusieurs pages sur une seule fiche peu coûteuse, il a également l'inconvénient de nécessiter un visionneuse pour la lecture. L'impression par "photo-offset" est une autre méthode moderne où l'on prépare un texte dactylographié ou traité sur machine pour la photocopie et le clichage ("prêt-à-photographier").

L'avantage que présentent les trois méthodes susmentionnées c'est de fournir un moyen rapide et peu coûteux de diffuser la recherche, bien que les auteurs et les auteures et les maisons d'édition ne prisent pas beaucoup la présentation de ce genre de publication. Il est normal de préférer "un vrai livre" puisque le livre appartient à une tradition qui remonte à plusieurs siècles. Néanmoins, il est justifié d'avoir recours à un mode de publication plus rapide et économique lorsqu'il s'agit de communiquer sans délai les résultats d'une recherche importante au public très restreint qui est susceptible d'en profiter. La publication sous forme de microfiches a, en plus, l'avantage de comporter quantité de données, comme par exemple des listes bibliographiques; elle se prête également à la reproduction de manuscrits contenant des translittérations ou des traductions dans le corps de l'ouvrage - les fiches sont alors insérées dans une pochette aménagée à cette fin à l'arrière du volume. De même, la publication sous forme de microfilm, de microfiche ou de photocopie est un moyen utile de diffuser les thèses non révisées. Il est certain que celles-ci ne sauraient faire l'objet d'une publication sous forme de livre à moins qu'elles n'aient été révisées à cette fin.

La machine de traitement de texte, a-t-on dit, est un outil de travail précieux pour les auteurs et auteures. Cet appareil, ainsi que les logiciels employés dans le traitement de texte, ne sont pas étrangers aux scientifiques contemporains. Bon nombre le mettent à profit pour faciliter la préparation et la révision de copie, établir le format de pages, la composition des textes, la pagination, etc. D'excellents résultats peuvent être obtenus. Une imprimante convenable peut donner aux travaux le style fini d'un imprimé de qualité grâce aux fonctions de justification et d'espacement, l'emploi de caractères gras et de graphiques.

En outre, il est possible, sur une imprimante à faible définition, d'imprimer rapidement des copies qui n'ont pas la qualité du prêt-à-photographier, mais qui permettent néanmoins d'effectuer des corrections. Malgré le degré de perfectionnement de cet équipement, son adaptabilité reste assez restreinte. Lorsque l'auteur ou l'auteure ont accès à un ordinateur de grande puissance, ils ont la possibilité d'exploiter un plus grand nombre de procédés; de même, une imprimante plus perfectionnée que celles qui sont ordinairement reliées aux machines de traitement de texte permet de tirer des imprimés de qualité supérieure. L'impression par jets d'encre ne donne pas une copie aussi nette et claire que l'impression par transpercement, mais elle présente l'avantage de produire automatiquement la fonte et la grosseur de l'oeil désirées.

Il est clair que la machine de traitement de texte a la possibilité de faire participer davantage un auteur ou une auteure d'un ouvrage savant à la production de leur livre.[17] Si la pratique existe déjà dans une certaine mesure, elle n'est pas aussi courante que l'on ait pu le croire. Les maisons d'édition, quant à elles, ne s'engagent dans un tel processus que si elles y voient des avantages économiques.[18] Le plus souvent, la direction utilisera l'imprimé de l'auteur ou de l'auteure pour la préparation de la copie et pour la photocomposition suivant le mode ordinaire.

Cependant, étant donné que de nos jours les photocomposeuses sont souvent reliées à des ordinateurs, il est possible d'utiliser les disques

---

[17] Voir le *Chicago Guide to Preparing Electronic Manuscripts for Authors and Publishers*. Chicago: University of Chicago Press, 1987. Voir aussi Bruno Giroux. *Guide de présentation des manuscrits*. Québec: Ministère des Communications, Gouvernement du Québec, 1991.

[18] Voir Roberta L. Dielh. "Electronic Manuscripts: A Low-Risk Approach," *Scholarly Publishing*, 22, 1 (octobre 1990), 29-39.

préparés par l'auteur ou l'auteure (une fois les corrections faites) pour produire le texte composé en caractères d'imprimerie. Malheureusement, les ordinateurs ou les machines de traitement de texte n'emploient pas, dans la plupart des cas, les mêmes codes typographiques que les photocomposeuses d'usage courant, de sorte qu'il est nécessaire d'avoir recours à un convertisseur automatique appelé "boîte noire". Ce processus de traduction risque d'être complexe, vu le nombre et la variété des systèmes de codes et de formats employés par les machines de traitement de texte et les micro-ordinateurs qui, eux-mêmes, sont très variés. De plus, les codes correspondant aux fonctions telles que la longueur de ligne, ou la taille du caractère et l'espacement doivent être intégrés au fichier; puisque ce travail relève ordinairement du marqueur de copie, celui-ci doit se référer alors à l'imprimé (déjà marqué) de l'ordinateur. Certaines maisons préfèrent donc utiliser un système de macro-codes, soit une mnémotechnique pouvant être introduite dans le texte originale et que le système typographique peut ensuite interpréter comme des commandes de formats. Par exemple, un ".P" peut servir à indiquer un alinéa, et un ".te" la fin d'un titre. On peut également intégrer des commandes au moyen du "lecteur optique de caractères": le texte est parcouru et l'information enregistrée numériquement, y compris les codes. Les mécanismes de ce genre sont de plus en plus aptes à reconnaître une diversité de fontes.

Les quelques remarques qui précèdent ont voulu indiquer les liens qui peuvent exister entre les auteurs, auteures, éditeurs et éditrices et la technologie. Les aspects techniques de l'édition sont de mieux en mieux connus parmi les chercheurs et chercheures au Canada. Par ailleurs, il s'établit un nombre croissant de petites maisons d'édition savante, comme par exemple Dovehouse Editions, dirigé par Professeur Don Beecher (Carleton University), ou les Éditions Balzac à Montréal.

Les auteurs et auteures désirant utiliser une machine de traitement de texte ou un micro-ordinateur pour faciliter l'édition d'un manuscrit auront peut-être intérêt à tenir compte des suggestions suivantes. Il est important de prendre contact avec l'éditeur ou l'éditrice en temps opportun, avant même que le manuscrits ne soit terminé, afin d'arriver à une entente. Il faudrait indiquer en même temps à ce dernier si l'ouvrage est préparé sur une machine à traitement de texte ou sur un micro-ordinateur, et être prêt à lui fournir tous les détails dont il aura besoin. Certaines maisons d'édition distribuent un guide précisant leurs exigences quant à la préparation de textes destinés à l'impression (par exemple l'ouvrage *Procedures for Handling Manuscripts Prepared on Computers and Word Processors* de la University of Toronto Press et le guide des auteurs et auteures de la Wilfrid Laurier University Press (révisé en mai, 1993).

Rien n'a été dit dans cette section du livre "électronique", c'est-à-dire du livre qui existe sous forme de fichier de données auquel l'on a accès soit en direct sur écran cathodique ou au moyen de l'imprimé d'ordinateur. Cette forme "d'édition" a certainement son utilité; elle est surtout pratique et même de grande valeur lorsqu'il s'agit d'ouvrages de référence volumineux (du genre bibliographique ou médical, par exemple). De même, les revues "électroniques" se révèlent profitables. Malgré ces moyens prometteurs, la fin du livre imprimé est loin d'être imminente.

LA VENTE ET LA PUBLICITÉ

L'objectif de toutes les maisons d'édition est de vendre et de diffuser le plus grand nombre possible d'exemplaires de chaque livre. Dans l'édition savante, les méthodes de vente sont peut-être plus spécialisées que dans des domaines plus généraux, l'ouvrage étant habituellement destiné à une clientèle particulière. Les maisons canadiennes se heurtent, d'une part, à l'exiguïté relative du marché canadien, face à celui des États-Unis, de la Grande-Bretagne et de la France, et d'autre part, à la difficulté d'assurer une diffusion suffisante dans un pays aussi vaste que le Canada. Comme dans le cas da la production du livre, il existe des méthodes générales de vente et de publicité plus ou moins suivies par toutes les maisons d'édition et presses universitaires mentionnées dans le présent *Guide.*

Les activités publicitaires comprennent le service de presse, la publication de communiqués et de catalogues, la réclame postale directe (envoi de prospectus à des personnes choisies), l'annonce dans les revues, magazines et journaux, les expositions de livres à l'occasion de réunions et de congrès et les interviews d'auteurs et d'auteures à la radio et à la télévision. Lorsqu'une maison accepte de publier un manuscrit, le service de publicité demande fréquemment à l'auteur ou à l'auteure des renseignements biographiques et bibliographiques, renseignements qui seront utilisés dans la préparation du texte de la jaquette et des notices descriptives pour les catalogues et les textes publicitaires.

Il arrive parfois que des extraits d'un livre soient vendus à une revue ou à une autre maison d'édition à des fins de reproduction dans une collection ou une anthologie. Les droits de traduction sont fréquemment vendus à des maisons d'édition étrangères. La plupart des éditeurs ou éditrices emploient un agent à l'étranger ou font eux-mêmes des efforts pour vendre à des maisons étrangères le droit de reproduire un livre et de le mettre en vente dans leur pays.

Au Canada et aux États-Unis, des représentants et des représentantes de commerce visitent les universités, les librairies et les bibliothèques; ils ont le double rôle de vendre des livres et de chercher de nouveaux manuscrits pour leurs maisons d'édition.

BIBLIOGRAPHY/BIBLIOGRAPHIE

Alter, N.A. "Scaled-Down Publishing for Small Markets," *Scholarly Publishing*, 10, 2 (January 1979), 137-146.

Altick, Richard D. "Scholarly Publishing and the Higher Education of Authors," *Scholarly Publishing*, 18, 1 (October 1986), 89-94.

Aponte Alsina, Marta. "Publishing in the Americas," *Scholarly Publishing*, 23, 3 (April 1992), 203-207.

Arms, William Y. "Scholarly Publishing on the National Networks," *Scholarly Publishing*, 23, 3 (April 1992), 158-169.

Armstrong, Robert Plant. "The Dissertation's Deadly Sins," *Scholarly Publishing*, 3, 3 (April 1972), 241-247.

_____. "Revising the Dissertation and Publishing the Book," *Scholarly Publishing*, 4, 1 (October 1972), 41-50.

_____. "Qualities of a Book, the Wants of a Dissertation," *Scholarly Publishing*, 3, 2 (January 1972), 99-109.

Arsenault, Marie-Évangéline. *Écrire: Vade-mecum à l'usage des écrivains, journalistes et pigistes*. Montréal: Le Marché de l'écriture enr., 1991.

Aubin, Paul (ed.). *Scholarly Publishing in Canada and Canadian Bibliography / L'édition savante au Canada et la bibliographie canadienne*. Montréal: Association for Canadian Studies / Association d'études canadienne, 1992.

Austin, Derek. *Precis. A Manual of Concept Analysis and Subject Indexing*. Second Edition, London: The British Library Board, 1984.

Baensch, Robert E. "International Publishing as Cultural Exchange," *Scholarly Publishing*, 24, 2 (January 1993), 95-99.

Bailey, Herbert S. "The Future of University Press Publishing," *Scholarly Publishing*, 19, 1 (October 1987), 63-67.

_____. "Economics of Publishing in the Humanities". *Scholarly Publishing*, 8, 3 (April 1977), 223-231.

_____. *The Art and Science of Book Publishing*. New York: Harper & Row, 1970.

Baldwin, Patricia L., & Lumsden, Barry D. "A Model University Press Consortium," *Scholarly Publishing*, 24, 1 (October 1992), 57-64.

Banner, James M. Jr. "Preserving the Integrity of Peer Review," *Scholarly Publishing*, 19, 2 (January 1988), 109-115.

Barnes, G. "Co-publication," *Scholarly Publishing*, 15, 1 (October 1983), 51-58.

Becker, Howard S. *Writing for Social Scientists: How to Start and Finish Your Thesis, Book, or Article*. Chicago: University of Chicago Press, 1986.

Bell, J.G. "The Proper Domain of Scholarly Publishing," *Scholarly Publishing*, 2, 1 (October 1970), 11-18.

Bennett, Scott, "Repositioning University Presses in Scholarly Communication, *Scholarly Publishing*, 25, 4 (July 1994), 243-248.

Benton, Megan L. "Carl Purington Rollins and the Design of Scholarly Books," *Publishing Research Quarterly*, 7, 4 (1991/1992), 41-56.

Bhagat, Nazir A., & Forrest, R.A. "How Many Copies Should We Print?," *Scholarly Publishing*, 9, 1 (October 1977), 61-79.

Biguenet, John, Schulte, Rainer (eds). *The Craft of Translation*. Chicago: University of Chicago Press, 1989.

Bohne, Harald. "Why are Book Prices so High?," *Scholarly Publishing*, 7, 2 (January 1976), 135-143.

Boncompain, Jacques, *Le Droit d'auteur au Canada*. Montréal: Cercle du livre de France, 1971.

Bostian, L.R. "Working with Writers," *Scholarly Publishing*, 17, 2 (January 1986), 119-126.

Broadbent, M. "Productivity in Copy Editing," *Scholarly Publishing*, 10, 2 (January 1979), 170-174.

Brogan, M. "Cost in Copy Editing," *Scholarly Publishing*, 11, 1 (October 1979), 47-53.

Bryant, M. & Cox, S. "The Editor and the Illustration," *Scholarly Publishing*, 14, 3 (April 1983), 213-230.

Bryson, S.R. "Author's Editors," *Scholarly Publishing*, 16, 2 (January 1985), 159-174.

Budd, Johan M. "Academic Libraries and University Presses," *Publishing Research Quarterly*, 7, 2 (Summer 1991), 27-37.

Burton, L. "In Search of Canadian Style," *Scholarly Publishing*, 13, 4 (July 1982), 347-354.

Cajolet-Laganière, Hélène, Collinge, Pierre et Laganière, Gérard. *Rédaction technique*. Éditions Laganière, 1983.

Cantor, Jeffrey A. *A Guide to Academic Writing*. Westport Connecticut: Greenwood Press, 1993.

Carrigan, Dennis P. "Publish or Perish: the Troubled State of Scholarly Communication," *Scholarly Publishing*, 22, 3 (April 1991), 131-142.

Cau, Ignace. *L'Édition au Québec de 1960 à 1977*. Québec: Ministère des Affaires culturelles, 1981.

Chicago Guide to Preparing Electronic Manuscripts for Authors and Publishers. Chicago: University of Chicago Press, 1987.

Chicago Manual of Style. The 14th Edition of A Manual of Style Revised and Expanded. Chicago: University of Chicago Press, 1993.

Contat, Michel (sous la direction de). *Problème de l'édition critique.* Paris: Minard, 1988.

Core, George. "Cost and Copy Editing," *Scholarly Publishing*, 6, 1 (October 1974), 59-65.

Crane Gregory. "'Hypermedia' and Scholarly Publishing," *Scholarly Publishing*, 21, 3 (April 1990), 131-155.

Cummings, Anthony M. et al. *University Libraries and Scholarly Communication Study.* Washington D.C.: Association of Research Libraries, 1992.

Davin, D. "Editor and Author in a University Press," *Scholarly Publishing*, 10, 2 (January 1979), 121-127.

Davis, P. "Publishing Without Glory," *Scholarly Publishing*, 10, 4 (July 1979), 329-338.

Day, C. "The Theory of Gross Margin Pricing," *Scholarly Publishing*, 14, 4 (July 1983), 305-326.

DeGeorge, Richard T., & Woodward, Fred. "Ethics and Manuscript Reviewing," *Scholarly Publishing*, 25, 3 (August 1994), 133-145.

Demers, Patricia (ed.). *Scholarly Publishing in Canada. Evolving Present, Uncertain Future/L'Édition savante au Canada. Tendances actuelles et perspectives d'avenir*, Ottawa: Presses de l'Université d'Ottawa, 1988.

Denniston, R. "The Academic Publisher," *Scholarly Publishing*, 10, 4 (July 1979), 293-303.

Department of Industry, Trade and Commerce (Information Canada). *The Canadian Book Industry: A Statistical and Economic Analysis.* Ottawa, 1970.

Dessauer, Johan P. *Book Publishing: A Basic Introduction.* New Edition. New York: Continuum, 1989.

_____. *Book Publishing: What It Is, What It Does*. Second Edition. New York: R.R. Bowker, 1981.

Dielh, Roberta L. "Electronic Manuscripts: A Low-Risk Approach," *Scholarly Publishing*, 22, 1 (October 1990), 29-39.

Doniger Wendy. "The Academic Snob Goes to Market," *Scholarly Publishing*, 24, 1 (October 1992), 3-12.

Doppagne, Albert. *Guide pratique de la publication: de la pensée à l'imprimé*. Paris: Duculot, 1980.

Dowling, William C. "Avoiding the Warmed-Over Dissertation," *Scholarly Publishing*, 4, 3 (April 1973), 235-238.

Dreyfus, John et Richaudeau, François (sous la direction de). *La Chose imprimée*, Paris: Rets-C.E.P.L., Les encyclopédies du savoir moderne. 1977.

Les éditeurs et diffuseurs de langue française. Paris, Éditions du Cercle de la librairie, 1984.

Eisenberg, Daniel. "Processing Electronic Manuscripts on the PC," *Scholarly Publishing*, 22, 2 (January 1991), 93-108.

_____. "Problems of the Paperless Book," *Scholarly Publishing*, 21, 1 (October 1989), 11-17.

Ellis, R. "In-House Page Proofs," *Scholarly Publishing*, 3, 1 (October 1971), 70-76.

Ervin, John Jr. "An Approach to Self-Appraisal by University Presses," *Scholarly Publishing*, 21, 3 (April 1990), 157-170.

Falletta, T.S. "The Interface of Word Processing with Typesetting," *Scholarly Publishing*, 11, 2 (January 1980), 171-178.

Featheringham, T.R. "Paperless Publishing and Potential Institutional Change," *Scholarly Publishing*, 13, 1 (October 1981), 19-30.

Fédération canadienne des études humaines/Fédération canadienne des sciences sociales. *Symposium sur la communication dans le monde savant.* Ottawa, 1981.

Fédération canadienne des sciences sociales. *Sources de financement du gouvernement fédéral: guide pratique pour les sciences sociales.* Ottawa, 1993 (also available in English).

Franklin, Ursula M. "Does Scholarly Publishing Promote Scholarship or Scholars?" *Scholarly Publishing*, 24, 4 (July 1993), 248-252.

Giamatti, A. Bartlett. "Safeguard of Process: The Editorial Committee," *Scholarly Publishing*, 7, 2 (January 1976), 129-133.

Gilbert, David H. "Book Lengths & Book Prices: A Survey of Hardcover Books Published in One Year by University Presses," *Scholarly Publishing*, 2, 2 (January 1971), 189-183.

Giroux, Bruno. *Guide de présentation des manuscrits.* Québec:Ministère des Communications, Gouvernement du Québec, 1991.

Goellner, J.G. "The Editorial Board: Friend or Frustration," *Scholarly Publishing*, 21, 3 (April 1990), 184-188.

Gross, Gerald (ed.). *Editors on Editing.* Revised Edition, N.Y.: Harper & Row, 1985.

Guide à l'usage des auteurs, préparé par les Presses de l'Université de Montréal et les Presses de l'Université d'Ottawa, 1994.

Graham, Gordon. "The Relationship Between Publishers and Academics," *Scholarly Publishing*, 24, 1 (October 1992), 13-23.

Grannis, Chandler (ed.). *What Happens in Book Publishing?* Second Edition. New York: Colombia University Press, 1967.

Greaser, C.U. "Authors, Editors and Computers," *Scholarly Publishing*, 12, 2 (January 1981), 123-130.

Greenfeld, Howard. *Books: From Writer to Reader*. New York: Crown, 1989.

Halpenny, Francess G. "Responsibilities of Scholarly Publishers," *Scholarly Publishing*, 24, 4 (July 1993), 223-231.

_____. "The Thesis and the Book," *Scholarly Publishing*, 3, 2 (January 1972), 112-116.

_____. "Of Time and the Editor," *Scholarly Publishing*, 1, 2 (January 1970), 159-169.

Hannifin, Jennifer Kavinsky. "Changing Sales and Markets of American University Presses, 1960-1990," *Publishing Research Quarterly*, 7, 2 (Summer 1991), 11-26.

Harman, Eleanor. "Hints on Proofreading," *Scholarly Publishing*, 6, 2 (January 1979), 121-127.

_____. "On Seeking Permission," *Scholarly Publishing*, 1, 2 (January 1977), 299-314.

_____. "A Reconsideration of Manuscript Editing," *Scholarly Publishing*, 7, 2 (January 1976), 145-156.

_____, and Schoeffel, R.M. "Our Reader's Report: University Press Advisers," *Scholarly Publishing*, 6, 4 (July 1975), 33-40.

Harvey, William B. "The Publishing Contract," *Scholarly Publishing*, 8, 4 (July 1977), 299-314.

Hasselstrom, Linda M. *The Book Book: A Publishing Handbook for Beginners and Others*. LJ Press, 1979.

Hawes, Gene R. *To Advance Knowledge: A Handbook on American University Press Publishing*. New York: American University Press Inc., 1967.

Holmes, Olive. "Thesis to Book: What to Do With What Is Left," *Scholarly Publishing*, 6, 2 (January 1975), 165-176.

_____. "Thesis to Book: What to Get Rid of (part 2)," *Scholarly Publishing*, 6, 1 (October 1974), 40-50.

_____. "Thesis to Book: What to Get Rid of (part 1)," *Scholarly Publishing*, 5, 4 (July 1974), 319-349.

Industry, Science and Technology. *Industry Profile: Book Publishing/Profil de l'industrie: édition de livre.* Ottawa, 1988.

Jeanneret, Marsh. *God and Mammon: Universities As Publishers.* Toronto: MacMillan of Canada, 1989.

_____. "God and Mammon: The University As Publisher," *Scholarly Publishing*, 15, 3 (April 1984), 197-204.

_____. "Some International Implications of the New U.S. Copyright Act," *Scholarly Publishing*, 10, 2 (January 1979), 113-119.

Johnson, William B. "Ethical Procedures for Authors and Publishers," *Scholarly Publishing*, 7, 3 (April 1976), 253-260.

Kerr, Chester. "The Kerr Report Revisited," *Scholarly Publishing*, 1, 1 (October 1969), 5-30.

Kinney, R. "Examining Cost in Producing the Scholarly Monograph," *Scholarly Publishing*, 4, 4 (July 1983), 337-343.

Kinney, A.P. & Workman, L.J. "Volumes of Homage," *Scholarly Publishing*, 11, 2 (January 1980), 143-156.

Korshin, Paul J. "The Idea of an Academic Press at the Fin de Siècle," *Scholarly Publishing*, 22, 2 (January 1991), 67-77.

Krummel, D.W. & Howell, J.B. "Bibliographic Standard and Style," *Scholarly Publishing*, 10, 3 (April 1979), 223-240.

Ladd, D. "Securing the Future of Copyright: a Humanist Endeavour," *Scholarly Publishing*, 16, 1 (October 1984), 23-32.

Lagon Jane. "A Decade of Electronic Editing," *Scholarly Publishing*, 24, 2 (January 1993), 101-112.

Lamb, Barbara B. "Serious Editing in the Nineties," *Scholarly Publishing*, 24, 2 (October 1992), 47-51.

Langridge, D.W. *Classification and Indexing in the Humanities.* Toronto: Butterworth & Co., 1976.

Lanham, C.D. "Help on the Path to Word Processing," *Scholarly Publishing*, 15, 1 (October 1983), 82-90.

Lee, M. *Bookmaking: The Illustrated Guide to Design, Production, Editing.* Second Edition. New York: R.R. Bowker, 1979.

Leslie, Larry Z. "Peering Over the Editor's Shoulder," *Scholarly Publishing*, 23, 3 (April 1992), 185-193.

Levant, Daniel J. "What Is a Book Worth?" *Scholarly Publishing*, 5, 4 (July 1974), 319-324.

"Levels of Edit," *Scholarly Publishing*, 24, 2 (January 1993), 122-126.

Lévesque, Eugénie. *Guide d'édition.* Québec, Éditeur officiel du Québec, 1980.

Lindsay, Duncan. *The Scientific Publication System in Social Science.* San Francisco: Jossey-Bass Publishers, 1978.

Lockwood Willard A. "Standards and Performance in the Decision to Publish," *Scholarly Publishing*, 8, 3 (April 1977), 211-221.

Lombardi, John V. "Elegant Artefact or Auxiliary Enterprise: Universities' Presses," *Scholarly Publishing*, 23, 2 (January 1992), 67-76.

Lorimer, R. "Implications of the New Technologies of Information," *Scholarly Publishing*, 16, 3 (April 1985), 197-210.

Luey, Beth. "The Concerned University Press: an Academic Experiment," *Scholarly Publishing*, 23, 4 (July 1992), 158-266.

_____. *A Handbook for Academic Authors*. N.Y.: Cambridge University Press, 1987.

Mann, P.H. "Publishing the Scholarly Author," *Scholarly Publishing*, 12, 2 (January 1981), 99-108.

Matkin, Ralph E. & Riggar, T.F. *Persist and Publish: Helpful Hints for Academic Writing and Publishing*. Niwot, Colorado: University Press of Colorado, 1991.

Matkin, R.E., Riggar, T.F. "Breaking into Academic Print, "*Scholarly Publishing*, 22, 1 (October 1990), 17-23.

McCarthy, W. "Wheels within Wheels: A Topology for Scholarly Publishing," *Scholarly Publishing*, 15, 3 (April 1984), 229-235.

McClung, William J. "The Short Book Reconsidered," *Scholarly Publishing*, 7, 3 (April 1976), 241-243.

McGiffert, Michael. "Is Justice Blind? An Inquiry into Peer Review," *Scholarly Publishing*, 20, 1 (October 1988), 43-50.

Menapace, John. "Some Approaches to Annotation" *Scholarly Publishing*, 1, 2 (January 1970), 194-205.

Meyers, J. "On Editing Collections of Original Essays," *Scholarly Publishing*, 17, 2 (January 1986), 99-108.

Miles, J. "Intellectual Freedom and the University Press," *Scholarly Publishing*, 15, 4 (July 1984), 291-300.

Ministère des Approvisionnements et Services Canada. *De Gutenberg à Télidon*. Livre blanc sur le droit d'auteur. Ottawa, 1984.

_____. *Une charte des droits des créateurs et créatrices*. Ottawa, 1985.

Montagnes, Ian. "Perspectives on the New Technology," *Scholarly Publishing*, 12, 3 (April 1981), 219-229.

_____. "Microfiche and the Scholarly Publisher," *Scholarly Publishing*, 7, 1 (October 1975), 63-84.

Moore, Terence W. "Believe It or Not, Academic Books Are a Bargain," *Scholarly Publishing*, 24, 3 (April 1993), 161-165.

Morton, H.C. "A New Office to Strengthen Scholarly Communication," *Scholarly Publishing*, 15, 2 (January 1984), 99-145.

Noel, W.M. "The Doctrine of Exhaustion and Copyright," *Scholarly Publishing*, 12, 4 (July 1981), 305-314.

Nordloh, D.J. "Supplying What's Missing in Editions of Selected Letters," *Scholarly Publishing*, 17, 1 (October 1985), 37-47.

_____. "Aiming the Canon," *Scholarly Publishing*, 16, 2 (January 1985), 109-119.

Oakeshott, P. "The BLEND Experiment in Scholarly Publishing," *Scholarly Publishing*, 17, 1 (October 1985), 25-36.

O'Grady, Richard, T. "How Publishers Can Help Recycle Knowledge," *Scholarly Publishing*, 23, 3 (April 1992), 194-197.

Okerson, Ann. "Publishing Through the Networks: the 1990s Debutante," *Scholarly Publishing*, 23, 3 (April 1992), 171-177.

O'Neill, Ann L. "Book Production and Library Purchases: Looking Beyond the Thor Ruling," *Publishing Research Quarterly*, 7, 2 (Summer 1991), 39-51.

Ontario Royal Commission on Book Publishing. *Background Papers*. Toronto: Queen's Printer, 1972.

Packard, D.W. "Can Scholars Publish Their Own Books?" *Scholarly Publishing*, 5, 1 (October 1973), 65-74.

Parsons, Paul. *Getting Published: The Acquisition Process at University Presses*. First Edition, Tennessee: University of Tennessee Press, 1989.

Pascal, N.B. "Freedom, Responsibility, and the Agile Editor," *Scholarly Publishing*, 16, 3 (April 1985), 255-261.

_____. "Publishing with Museums," *Scholarly Publishing*, 10, 2 (January 1979), 147-153.

Pasco Allan, H. "Basic Advice for Novice Authors," *Scholarly Publishing*, 23, 2 (January 1992), 95-104.

Patar, Benoît. *Directives aux auteurs pour la confection d'un manuscrit*. Longueil: Les Éditions du Préambule Inc., 1990.

Paul, S.K. "Roadblocks in Typesetting from the Word Processor," *Scholarly Publishing*, 12, 4 (July 1981), 323-327.

Perry, R.B. "Should There Be a University Press?" *Scholarly Publishing*, 17, 2 (January 1986), 109-117.

Philipson, Morris. "Spreading the Word," *Scholarly Publishing*, 16, 2 (January 1985), 99-107.

_____. "The Scholar as Publishing Author," *Scholarly Publishing*, 8, 4 (July 1977), 291-297.

Piternick, Anne B. "Author Problems in a Collaborative Research Project," *Scholarly Publishing*, 25, 1 (October 1993), 21-37.

Pocket Pal: A Graphic Art Production Handbook. Thirteenth Edition. New York: International Paper Company, 1984.

Poirier, Léandre. *Au Service de nos écrivains*. 4e édition, Montréal: Fides, 1968.

Polking Kirk (ed.). *The Writer's Friendly Legal Guide: An Easy-to-Use, Accessible Guide to Copyright, Libel, Contracts, Taxes -- Everything Writers Need to Know to Avoid Legal Hassles*. Cincinnati, Ohio: Writer's Digest Books, 1989.

Powell, W.W. *Getting into Print: The Decision-Making Process in Scholarly Publishing*. Chicago: University of Chicago Press, 1985.

Pratt, Dana J. "Why Publish with a University Press?" *Scholarly Publishing*, 24, 2 (January 1993), 118-121.

Ramat, A. *Grammaire typographique*. Montréal: Aurel Ramat, 1981.

Reitt, B.B. "An Academic Author's Checklist," *Scholarly Publishing*, 16, 1 (October 1984), 65-72.

Rowson, Richard C. "A Formula for Successful Scholarly Publishing," *Scholarly Publishing*, 25, 1 (October 1993), 67-78.

Sarna, Lazar. *Authors and Publishers: agreements and Legal Aspects of Publishing*. Second Edition, Toronto: Butterworths, 1987.

Schuwer, Philippe. *Dictionnaire bilingue de l'édition Français-Anglais/Bilingual Dictionary of Book Publishing English-French*. Paris: Éditions du Cercle de la librairie, 1993.

Secrétariat d'État. *Guide du rédacteur de l'administration fédérale*. Ministère des Approvisionnements et Services Canada, 1987.

_____. *L'Étude sur l'édition au Canada*. Ottawa: Bureau des conseillers en gestion, 1977.

Sheinin, Rose. "Academic Freedom and Integrity and Ethics in Publishing," *Scholarly Publishing*, 24, 4 (July 1993), 232-247.

Shillingsburg, Peter L. *Scholarly Editing in the Computer Age. Theory and Practice*. Athens, Georgia: University of Georgia Press, 1986.

_____. "Critical Editing and the Center for Scholarly Editions," *Scholarly Publishing*, 9, 1 (October 1977), 31-40.

Silverman, Robert A. "Desktop Publishing: Its Impact on the Academic Community," *Scholarly Publishing*, 21, 1 (October 1989), 57-70.

Smith, Datus. *A Guide to Book Publishing*. N.Y.: R.R. Bowker, 1966.

Social Sciences and Humanities Research Council. *Canadian Scholarly Publishing*. Report to the Social Sciences and Humanities Research Council of Canada by the Consultative Group on Scholarly Publishing. Ottawa, 1980 (aussi disponible en français).

Social Science Federation of Canada and the Canadian Federation for the Humanities. *Understanding Copyright: A practical Guide for the Social Sciences and Humanities*. Ottawa, 1990 (aussi disponible en français).

Spilhaus, A.F. "The Copyright Clearance Center," *Scholarly Publishing*, 9, 2 (January 1978), 143-148.

Stainton, Elsie Myers. "The Copy Editor," *Scholarly Publishing*, 17, 1 (October 1985), 55-63.

_____. *Author and Editor at Work: Making A Better Book*. Toronto: University of Toronto Press, 1982.

_____. "Another Mixed Bag," *Scholarly Publishing*, 9, 3 (April 1978), 219-230.

_____. "A Mixed Bag: Getting Along Together," *Scholarly Publishing*, 9, 2 (January 1978), 149-158.

_____. "A Bag for Authors," *Scholarly Publishing*, 8, 4 (July 1977), 335-345.

_____. "A Bag for Editors," *Scholarly Publishing*, 8, 2 (January 1977), 111-119.

Thatcher, Sanford G. "Toward the Year 2001," *Scholarly Publishing*, 24, 2 (October 1992), 25-37.

Tibbo, Helen R. "Specifications for Camera-Ready Copy: Helping Authors Be More Productive," *Scholarly Publishing*, 25, 4 (July 1994), 221-232.

Tripp, Edward. "Small Craft Warnings," *Scholarly Publishing*, 10, 2 (January 1979), 99-111.

_____. "Editors and the Editorial Committee," *Scholarly Publishing*, 8, 2 (January 1977), 99-109.

U.N.E.S.C.O. *Profession: éditeur. Édition et gestion.* Ville LaSalle: Hurtubise HMH, 1993.

van Leunen, Mary-Claire. *A Handbook for Scholars.* Revised Edition, Oxford: Oxford University Press, 1992.

Wagner, Norman. "Scholars as Publishers: a New Paradigm," *Scholarly Publishing*, 7, 2 (January 1976), 101-112.

Ward, J.W. "How Scholars Regard University Presses," *Scholarly Publishing*, 16, 1 (October 1984), 33-38.

Webb, T. "Author as Compositor: Word Processor to Typesetter," *Scholarly Publishing*, 15, 2 (January 1984), 177-190.

Williamson, H. *Methods of Book Design: The Practice of an Industrial Craft.* Third Edition. New Haven: Yale University Press, 1984.

Woolf, Patricia K. "Integrity and Accountability in Research and Publication," *Scholarly Publishing*, 24, 4 (July 1993), 204-213.

Zuppan, J. "Electronic Editorial Advice," *Scholarly Publishing*, 17, 1 (October 1985), 77-87.

Anatomy of Gender

WOMEN'S STRUGGLE FOR THE BODY

EDITED BY
DAWN H. CURRIE
AND VALERIE RAOUL

January 1992, 288 pages
Women's Experience Series #3
Paperback $19.95
ISBN 0-88629-156-9

Eighteen essays cover practical and theoretical questions relating to the female body, dealing with the depiction of the female body in religion, Chinese fiction, 18th century art, history and popular culture. The book also addresses problems connected with women's physical welfare, from medical, legal and social policy perspectives, and explores how women's physical functioning has been largely controlled by men. The final section looks at ways women are struggling to reclaim control of their bodies with their own definitions and representations of themselves.

Distributed in Canada by Oxford University Press

CARLETON UNIVERSITY PRESS

160 Paterson Hall Carleton University Ottawa K1S 5B6 Canada (613) 788-3740

GUIDE À L'USAGE DES AUTEURS

Sur quelles bases la décision de publier est-elle prise ? Sous quelle forme l'auteur doit-il présenter son manuscrit ?

Ce guide informe les auteurs de l'ensemble des étapes de la publication d'un ouvrage – du dépôt du manuscrit jusqu'à la mise en marché – et les prépare à la publication par une série de conseils pratiques.

Par leur association dans ce projet, les Presses de l'Université de Montréal et les Presses de l'Université d'Ottawa ont voulu offrir à leurs auteurs un véritable vade-mecum.

Vous pensez publier aux Presses de l'Université de Montréal ou aux Presses de l'Université d'Ottawa ? Entrez en contact avec nous, c'est avec plaisir que nous vous offrirons ce guide !

UOP AUTHORS' GUIDE

This guide acquaints authors with the various steps of the publishing process – from the submission of the manuscript up to the marketing and promotion of the finished book – and provides helpful tips in the preparation of works for publication.

Thinking of publishing with the University of Ottawa Press? Contact us and we will gladly send you a free copy of our authors' guide.

 LES PRESSES DE L'UNIVERSITÉ DE MONTRÉAL
(514) 343-6929

 UNIVERSITY OF OTTAWA PRESS
(613) 564-2270

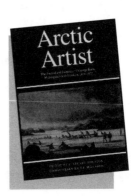

*Celebrating
25 Years
Together*

*Presenting
Canada and
Canadian ideas
to the world!*

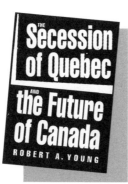

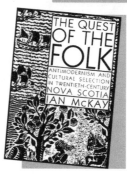

Les Éditions

FIDES

et

BELLARMIN

au service

de la recherche

en sciences

humaines

UBC Press

For books in

◆ *Anthropology and Sociology*
◆ *Environment and Natural History*
◆ *Geography and Geology*
◆ *History*
◆ *Native Studies and Archaeology*
◆ *Natural Resources*
◆ *Political Science*

UBC Press Series

◆ *Canada and International Relations*
◆ *First Nations Languages*
◆ *The Pioneers of British Columbia*

Editorial Offices

Vancouver
R. Peter Milroy, Director, 604/822-3807
Jean Wilson, Senior Editor, 604/822-6376
Toronto
Laura Macleod, Editor, 416/690-6061
Author information kits available

View our complete catalogue on the Internet and find detailed
information on most books published since 1984. Look for
UBC Press on the University of British Columbia gopher
under (8) UBC Publications, (10) UBC Press

UBCPress

The University of Alberta Press

Specializing in Western Canadian History, Political Science,
Economics, Science, especially Nature and Environment,
Canadian Literary Criticism, and interdisciplinary fields
including Canadian Studies, Native Studies and Slavic Studies.

Please contact us for our "Guide for Prospective Authors" and recent catalogue.

The University of Alberta Press
141 Athabasca Hall, Edmonton, Alberta T6G 2E8
Tel. (403) 492-3662   Fax. (403) 492-0719

Mᵉ Edith Deleury, présidente du conseil d'administration des **PUL**, a le plaisir d'annoncer la nomination de

Madame Isabelle Quentin
au poste de responsable du développement.
À ce titre, Madame Quentin coordonnera la publication de:

- manuels (collégial et universitaire)
- ouvrages savants
- ouvrages de vulgarisation scientifique

 2336, Chemin Sainte-Foy, 2ᵉ étage
Tél.: (418) 656-2803   Téléc.: (418) 656-3305

HURTUBISE HMH,
L'ÉDITEUR
DES GRANDS CLASSIQUES
DE LA LITTÉRATURE D'IDÉES
AU QUÉBEC

DEPUIS 1960, PLUS DE 500 TITRES PUBLIÉS :
DE LA COLLECTION CONSTANTES,
EN PASSANT PAR LES CAHIERS DU QUÉBEC
JUSQU'À L'ATELIER DES MODERNES
HURTUBISE HMH N'A JAMAIS
CESSÉ D'ENCOURAGER LA
PRODUCTION SAVANTE.

Éditions Hurtubise HMH
3760, boul. Newman
Ville LaSalle (Québec) H8N 1X2
Tél. : (514) 364-0323
1-800-361-1664
Fax : (514) 364-7435

Adresse éditoriale
3138-3140, rue Allard
Montréal (Québec) H4E 2M7
Tél. : (514) 364-0323
1-800-361-1664
Fax : (514) 761-0239

PUBLISHERS AND UNIVERSITY PRESSES

MAISONS D'ÉDITION ET PRESSES UNIVERSITAIRES

117

BENBEN PUBLICATIONS/SSEA PUBLICATIONS
143 Carmen Drive
Mississauga, Ontario
L5G 3Z2
Telephone: (416) 274-4380

ADDRESS CORRESPONDENCE TO
Loretta M. James, Managing Editor

AFFILIATIONS
Distributors for the Society for the Study of Egyptian Antiquities.

AREAS OF INTEREST
Ancient Egypt, Egyptology, Egyptian archaeology, ancient Egyptian language and literature.

SERIES
SSEA Publications and the Journal of the SSEA.

AVERAGE NUMBER OF TITLES PER YEAR
Scholarly - 2

BLACK ROSE BOOKS
C.P. 1258, Succursale Place du Parc
Montréal, Québec
H2W 2R3
Telephone: (514) 844-4076
Fax: (514) 849-1956

ADDRESS CORRESPONDENCE TO
Dimitri Roussopoulos, Editor

AFFILIATIONS
Éditions Écosociété, Montréal.

AREAS OF INTEREST
Social sciences and humanities.

SERIES
With *Karl Polyani Institute of Political Economy*, Concordia University.
With faculty at School of Social Work, McGill University, Montréal
Peter Kropotkin Series.

ADDITIONAL INFORMATION
Reading fee required, write for details.

AVERAGE NUMBER OF TITLES PER YEAR
15

BOREALIS PRESS LIMITED
9 Ashburn Drive
Ottawa, Ontario
K2E 6N4
Telephone: (613) 224-6837/829-0150
Fax: (613) 829-7783

ADDRESS CORRESPONDENCE TO
Dr. Frank M. Tierney, President
Dr. W. Glenn Clever, Vice-President

AFFILIATIONS
The Tecumseh Press Ltd.

AREAS OF INTEREST
Creative writing, general culture, literary criticism, scholarly writing and
thesis.

SERIES
New Canadian Drama;
Journal Canadian Poetry.

AVERAGE NUMBER OF TITLES PER YEAR
Total - 10 to 15, scholarly - 3

BREAKWATER BOOKS
100 Water Street
P.O. Box 2188
St. John's, Newfoundland
A1C 6E6
Telephone: (709) 722-6680
Fax: (709) 753-0708

ADDRESS CORRESPONDENCE TO
Laura Woodford

AREAS OF INTEREST
Newfoundland history, folklore and folklife.

SERIES
Newfoundland History Series (8 Volumes)
Canadian Atlantic Folklore - Folklife Series (17 Volumes)

AVERAGE NUMBER OF TITLES PER YEAR
Total - 15, scholarly 3 to 4

BROADVIEW PRESS
P.O. Box 1243
Peterborough, Ontario
K9J 7H5
Telephone: (705) 743-8990
Fax (705) 743-8353

ADDRESS CORRESPONDENCE TO
Don LePan, President
Michael Harrison, Vice-President

AFFILIATIONS
Distributor for the U.S environmental/nature publisher, Island Press. The
company is interested in negotiating co-publishing deals with other publishers
on a title by title basis.

AREAS OF INTEREST
Arts and social sciences; textbook and academic general interest (i.e.,
monographs only considered if of interest to more than specialists in a small
field).

AVERAGE NUMBER OF TITLES PER YEAR
1993-94 estimated 20, 1994-95 estimated 25

CANADIAN COMMITTEE ON LABOUR HISTORY
Memorial University of Newfoundland
St John's, Newfoundland
A1C 5S7
Telephone: (709) 737-2144
Fax: (709) 737-2164

ADDRESS CORRESPONDENCE TO
G.S. Kealey, Editor
Bryan D. Palmer, Review Editor, *Labour/Le travail*

AFFILIATIONS
Subsection of *Canadian Historical Association*, housed at Memorial
University of Newfoundland.

AREAS OF INTEREST
Labour history.

SERIES
RCMP Security Bulletins; Journal *Labour/Le Travail*.

AVERAGE NUMBER OF TITLES PER YEAR
3 - 4, all scholarly plus 2 issues of Labour/Le travail (journal)

CANADIAN CORPORATION FOR STUDIES IN RELIGION
Wilfrid Laurier University Press
Wilfrid Laurier University
Waterloo, Ontario
N2L 3C5

ADDRESS CORRESPONDENCE TO
Dr. John Williams, President
Canadian Medical Association
1867 Alta Vista Drive
Ottawa, Ontario
K1G 3Y6
Telephone: (613) 731-9331

AFFILIATIONS
Wilfrid Laurier University Press.

AREAS OF INTEREST
Manuscripts in the field of religion. Theses are considered.

SERIES
Editions SR;
SR Supplements;
SREC The Study of Religion in Canada/Sciences religieuses au Canada
(monographs);
CESC Comparative Ethics Series/Collection d'éthique comparée
(monographs);
*ESCJ Studies in Christianity and Judaism/Études sur le christianisme et le
judaïsme* (monographs);
Dissertations SR (competitive monograph series);
*Studies in Religio*n (journal).

ADDITIONAL INFORMATION
Correspondence concerning journal manuscripts should be addressed, if in
English, to Dr. John Sandys-Wansch, 825 Alget Road, Mill Bay, British
Columbia, V0R 2P0; if in French, to Elisabeth J. Lacelle, Sciences religieuses,
Université d'Ottawa, Ottawa, Ontario K1N 6N5. Correspondence concerning
the monograph series should be addressed to the President, as above, except
for *Studies in Christianity and Judaism*, which should be addressed to
Professor Peter Richardson, University College, University of Toronto,
Toronto, Ontario, M5S 1A1.

122

THE CANADIAN INSTITUTE OF UKRAINIAN STUDIES PRESS (CIUS PRESS)

Department of Slavic Languages and Literatures
University of Toronto
21 Sussex Avenue
Toronto, Ontario
M5S 1A1
Telephone: (416) 978-8240 or (416) 978-6934
Fax: (416) 978-2772
E-Mail: tarn@epas.utoronto.ca

ADDRESS CORRESPONDENCE TO
Maxim Tarnawsky, Managing Director

AFFILIATIONS
The CIUS Press is the publishing arm of the Canadian Institute of Ukrainian Studies, University of Alberta. The Editorial Office of the Press is housed in the Department of Slavic Languages and Literatures, University of Toronto. In addition to its own publications, CIUS Press also enters into agreements with other scholarly and commercial publishers on projects of mutual interest.

AREAS OF INTEREST
CIUS Press exists for the purpose of publishing scholarship about Ukraine, Ukrainians, and Ukrainians in Canada. Its publishing mandate is primarily to serve the interests and needs of the Canadian (and by extension, North American) community of scholars interested in Ukrainian and Ukrainian-Canadian subjects.

SERIES
Series in Contemporary Ukrainian Literature;
Canadian Series in Ukrainian Ethnology;
Research Reports.

ADDITIONAL INFORMATION
Parent Institution and distribution address:
Canadian Institute of Ukrainian Studies
352 Athabasca Hall
University of Alberta
Edmonton, Alberta,
T6G 2E1

Telephone: (403) 492-2972
Fax: (403) 492-4967

AVERAGE NUMBER OF TITLES PER YEAR
4-6

CANADIAN PLAINS RESEARCH CENTER
University of Regina
Regina, Saskatchewan
S4S 0A2
Telephone: (306) 585-4795
Fax: (306) 586-9862

ADDRESS CORRESPONDENCE TO
Brian Mlazgar, Coordinator of Publications

AFFILIATIONS
Association of Canadian University Presses, Saskatchewan Publishers Group.

AREAS OF INTEREST
A wide variety of academic disciplines relating to the Canadian prairie region.

SERIES
Canadian Plains Bibliographies;
Canadian Plains Biographies;
Canadian Plains Proceedings;
Canadian Plains Reports;
Canadian Plains Studies;
Occasional Papers;
Prairie Forum (Journal);
Canadian Plains Bulletin (Newletter).

AVERAGE NUMBER OF TITLES PER YEAR
Scholarly - 6

CANADIAN SCHOLARS' PRESS INC.
180 Bloor Street West, Suite 402
Toronto, Ontario
M5S 2V6
Telephone: (416) 929-2774
Fax: (416) 929-1926

ADDRESS CORRESPONDENCE TO
Dr. Jack Wayne, Publisher
Mr. Brad Lambertus, Managing Editor

AFFILIATIONS
N\A

AREAS OF INTEREST
Social work, sociology, criminology, women's studies, and French.

SERIES
Mass Media and Communications;
Studies in Political Economy;
Studies in Phonetics.

AVERAGE NUMBER OF TITLES PER YEAR
20-30 (101 titles in print)

CARLETON UNIVERSITY PRESS (CUP)
160 Paterson Hall
1125 Colonel By Drive
Carleton University
Ottawa, Ontario
K1S 5B6
Telephone: (613) 788-3740
Fax: (613) 788-2893

ADDRESS CORRESPONDENCE TO
John Flood, Director and General Editor

AFFILIATIONS
Oxford University Press.

AREAS OF INTEREST
Books about Canada; also some titles of more general interest, including trade and special projects.

SERIES
Carleton Library Series;
Carleton Contemporaries;
Series on Public Policy, Science, and Women's Experience.

AVERAGE NUMBER OF TITLES PER YEAR
15

DOVEHOUSE EDITIONS
1890 Fairmeadow Crescent
Ottawa, Ontario
K1H 7B9
Telephone: (613) 731-7601

ADDRESS CORRESPONDENCE TO
Donald Beecher

AFFILIATIONS
Medieval & Renaissance Texts & Studies, Binghamton, N.Y., USA.
Liverpool University Press, Hispanic Texts.

AREAS OF INTEREST
Renaissance and Baroque Theatre texts and criticism. Studies in Italian literature; studies in hispanic literature; Elizabethan prose fiction texts.

SERIES AND ADDITIONAL INFORMATION
The *Carleton Renaissance Plays in Translation series* now has 26 titles in print with another 6 in preparation. The *Ottawa Hispanic Studies series* has 14 titles with 4 in preparation. The newest venture is the *Barnabe Rich Society publications* dealing with English Renaissance prose fiction, with 2 titles in print, but 20 editorial projects in preparation. Dovehouse Editions works mainly within these series, but have occasionally published special titles in Renaissance literature or culture.

AVERAGE NUMBER OF TITLES PER YEAR
Scholarly 9-10

DUNDURN PRESS
2181 Queen Street East, Room 301   or   3483 Peel Street, suite 23
Toronto, Ontario   Montréal, Québec
M4E 1E5   H3A 1W8
Telephone: (416) 698-0454   Telephone: (514) 398-8326
Fax: (416) 698-1102   Fax: (514) 398-8220

ADDRESS CORRESPONDENCE TO
Judith Turnbull

AFFILIATIONS
Association of Canadian Publishers and Canadian Book Marketing Centre.

AREAS OF INTEREST
History, biographies, social issues and art.

AVERAGE NUMBER OF TITLES PER YEAR
20

ECW PRESS
2120 Queen Street East, suite 200   or   3483 Peel Street, suite 23
Toronto, Ontario   Montréal, Québec
M4E 1E2   H3A 1W8
Telephone: (416) 694-3348   Telephone: (514) 398-8326
Fax: (416) 698-9906   Fax: (514) 398-8220

ADDRESS CORRESPONDENCE TO
Jack David, President (Toronto)
Robert Lecker, Vice-President (Montreal)

AREAS OF INTEREST
Canadian literature, literary theory, Canadian history and biography.

SERIES
The Annotated Bibliography of Canada's Major Authors;
Canadian Writers and Their Works;
Canadian Fiction Studies;
Canadian Biography Series.

AVERAGE NUMBER OF TITLES PER YEAR
25

LES ÉDITIONS BALZAC
3575 boulevard St-Laurent, bureau 407
Montréal, Québec
H2X 2T7
Téléphone : (514) 499-0375
Télécopieur : (514) 499-9100

S'ADRESSER À
André Beaudet, directeur littéraire
Antonio Gómez-Moriana et Walter Moser, directeurs de la collection
L'Univers des discours

Michèle Nevert et André-Roch Lecours, directeurs de la collection *L'Écriture indocile*

COLLABORATIONS
Presses Universitaires de Louvain
Éditions du Cerf
Éditions Calmann-Lévy
University of Toronto Press
Penguin Books Ltd (Canada)

DISCIPLINES
Les Éditions Balzac publient des ouvrages dans toutes les catégories. La collection *L'Univers des discours* est particulièrement réservée aux travaux de recherche universitaires et à des thèses de doctorat remaniées, vulgarisées, afin de permettre leur accessibilité à un public de non-spécialistes. Deux autres collections peuvent aussi accueillir des ouvrages spécialisés dans des domaines bien spécifiques.

COLLECTIONS
L'Univers des discours;
Littérature à l'essai;
L'Écriture indocile.

MOYENNE ANNUELLE DE TITRES SAVANTS
15

ÉDITIONS BEAUCHEMIN LTÉE
3281, avenue Jean-Béraud
Chomedey, Laval, Québec
H7T 2L2
Téléphone : (514) 334-5912
Télécopieur : (514) 688-6269

S'ADRESSER À
Jacki Dallaire, éditeur adjoint, enseignement collégial et universitaire.

COLLABORATIONS
Bordas, Masson, Academia, Macoine, Vigot, Chronique sociale.

DISCIPLINES
Sciences humaines, pédagogie, génie, éthique.

COLLECTIONS
Question d'éthique;
Agora.

RENSEIGNEMENTS DIVERS
Beauchemin est d'abord spécialisé dans le domaine scolaire (primaire,
secondaire, collégial et universitaire), et fait aussi quelques titres savants et de
référence chaque année. S'intéresse maintenant au multi-média.

MOYENNE ANNUELLE DE TITRES SAVANTS
3-4

LES ÉDITIONS BELLARMIN
165, rue Deslauriers
Saint-Laurent, Québec, H4N 2S4
Téléphone : (514) 745-4290
Télécopieur : (514) 745-4299

S'ADRESSER À
Antoine Del Busso, directeur général
Ghislaine Roquet, directrice littéraire

DISCIPLINES
Philosophie, théologie et sciences religieuses, spiritualité, histoire, questions
sociales et pédagogie.

COLLECTIONS
Philosophie:
> *Analytiques* : collection consacrée à la philosophie analytique, à l'histoire
> et à la philosophie des sciences, à la pensée formelle. Sous la direction
> de François Duchesneau et Sylvain Auroux.
> *Noêsis* : recherches sur la pensée grecque et romaine.
> *Cahiers d'études médiévales et Cahiers spéciaux* : recherches sur la
> culture médiévale et ses liens avec la culture actuelle. Sous la direction
> du Professeur Guy H. Allard.

Théologie et sciences religieuses:
> *Recherches-Nouvelle-série* : cette collection propose des ouvrages
> d'initiation, de référence et de formation théologique. Sous la direction
> du Professeur Guy H. Allard.
> *Ouvrages de Lonergan* : théologien internationalement connu, en
> particulier pour son oeuvre magistrale : Insight (traduction française
> publiée en 1995).
> *Communautés et ministères* : collection dirigée par le Centre de
> formation théologique du Grand Séminaire de Montréal.

Histoire et questions sociales:
> *Cahiers d'histoire des Jésuites* : cette collection est consacrée aux
> activités des Jésuites en Nouvelle-France et au Canada français.
> *Biographies* : cette série d'ouvrages comprend déjà une dizaine de titres
> et s'enrichit d'un nouveau titre par année, le dernier étant Olivar Asselin
> (1994).

RENSEIGNEMENTS DIVERS
Les Éditions Bellarmin lançaient en 1993 une nouvelle collection intitulée *L'Essentiel* ainsi qu'une collection d'articles choisis de penseurs québécois de premier plan. Elles publient également des ouvrages de spiritualité dont ceux de Jean Vanier et d'Anthony di Mello.

MOYENNE ANNUELLE DE TITRES SAVANTS
6

ÉDITIONS CÉRES
C.P. 1386
Place Bonaventure
Montréal, Québec
H5A 1H3
Téléphone : (514) 398-6892 ou (514) 937-7138

S'ADRESSER À
G. Di Stefano, directeur de la revue *Le Moyen Français*
R.M. Bidler, secrétaire-trésorière

DISCIPLINES
Le Moyen Français présente études, textes inédits, bibliographies qui illustrent les tendances actuelles des recherches sur la langue et la littérature françaises des XIVe et XVe siècles.

COLLECTIONS
Le Moyen Français;
Inedita & Rara.

RENSEIGNEMENTS DIVERS
Le Moyen Français paraît deux fois par an en fascicules qui totalisent au moins 300 pages. Le premier fascicule a un caractère monographique, le second contient des articles, des recensions et une bibliographie; il peut être conçu aussi sous forme de "Mélanges". *Inedita & Rara*, collection dédiée exclusivement à l'édition des textes inédits et rares.

MOYENNE ANNUELLE DE TITRES SAVANTS
3-4

LES ÉDITIONS D'ACADIE

C.P. 885, 27, rue John
Moncton, Nouveau-Brunswick
E1C 8N8
Téléphone : (506) 857-8490
Télécopieur : (506) 857-3070

S'ADRESSER À
Marcel Ouellette, directeur général

COLLABORATIONS
Diffusion Prologue (Québec); Goose Lane Editions (ailleurs au Canada);
Amitiés acadiennes (France).

DISCIPLINES
Les Éditions d'Acadie s'intéressent à tout ce qui se rapporte à la francophonie
du Canada atlantique.

COLLECTIONS
Collection universitaire.

RENSEIGNEMENTS DIVERS
Les manuscrits sont publiés sous recommandation du Bureau de direction des
Éditions.

MOYENNE ANNUELLE DE TITRES SAVANTS
3

LES ÉDITIONS DE L'HEXAGONE

Une division du Groupe Ville-Marie Littérature
1000, rue Amherst, bureau 102
Montréal, Québec
H2L 3K5
Téléphone : (514) 523-1182
Télécopieur : (514) 282-7530

S'ADRESSER À
Jean Royer, directeur littéraire

132

DISCIPLINES
L'Hexagone publie depuis 1953 des ouvrages de littérature générale (poésie, fiction), mais aussi des essais en littérature et sciences humaines dans diverses collections.

COLLECTIONS
Essais (société, politique, philosophie, anthropologie, histoire; s'adresser à M. Jean Royer);
Essais littéraires (dirigée par la Professeure Marie-Andrée Beaudet);
Creliq (en collaboration avec le Centre de recherche en littérature de l'Université Laval; dirigée par le Professeur Guy Champagne).

RENSEIGNEMENTS DIVERS
Les thèses de doctorat ou les travaux de recherches dans ces domaines intéressent l'Hexagone dans la mesure où l'auteur consent à remanier son texte pour en faire un livre accessible à un public de non-spécialistes.

LES ÉDITIONS DU BLÉ
C.P. 31
Saint-Boniface, Manitoba
R2H 3B4
Téléphone : (204) 237-8200
Télécopieur : (204) 233-2373

S'ADRESSER À
Lionel Dorge, directeur

COLLABORATIONS
Presses universitaires de Saint-Boniface.

DISCIPLINES
Manitoba et l'Ouest canadien en histoire, littérature et sciences humaines.

COLLECTIONS
La collection Soleil.

MOYENNE ANNUELLE DE TITRES SAVANTS
Titre occasionnel.

LES ÉDITIONS DU BORÉAL
4447, rue Saint-Denis
Montréal, Québec
H2J 2L2
Téléphone : (514) 287-7401
Télécopieur : (514) 287-7664

S'ADRESSER À
Pascal Assathiany, président
Jean Bernier, directeur de l'édition

COLLABORATIONS
La Découverte (F. Maspero), Le Seuil et Calmann-Lévy.

DISCIPLINE
La maison Le Boréal publie surtout des ouvrages en histoire et en sciences
humaines. Les thèses de doctorat ou les travaux de recherche dans ces
domaines ne sont retenus que dans la mesure où les auteurs les ont remaniés
pour les rendre accessibles à un public de non-spécialistes.

COLLECTIONS
Histoire et Sociétés;
Études d'histoire du Québec;
Témoins et témoignages;
Histoire populaire du Québec;
Collection Papiers collés;
Boréal Compact;
Boréal Express.

MOYENNE ANNUELLE DE TITRES SAVANTS
10-15

LES ÉDITIONS DU MÉRIDIEN
1977 boulevard Industriel
Laval, Québec
H7S 1P6
Téléphone : (514) 668-1802
Télécopieur : (514) 667-8658

S'ADRESSER À
M. Jean Lalonde, président-directeur général

COLLABORATIONS
n/a

DISCIPLINES
Ouvrages de référence, manuels universitaires, études et essais en architecture, urbanisme, psychologie, santé, criminologie, sociologie, environnement, art, histoire et généalogie.

COLLECTIONS
Architecture et aménagement urbain;
Psychologie;
Santé-médecine;
Repères;
Vision globale;
Environnement;
Histoire;
Éducation;
Art et beaux livres.

MOYENNE ANNUELLE DE TITRES SAVANTS
Total - 35, savants - 3

LES ÉDITIONS DU SEPTENTRION
1300, avenue Maguire
Sillery, Québec, G1T 1Z3
Téléphone : (418) 688-3556
Télécopieur : (418) 527-4978

S'ADRESSER À
Gaston Deschênes, éditeur

DISCIPLINES
Histoire, politique, ethnologie, anthropologie.

MOYENNE ANNUELLE DE TITRES SAVANTS
5

135

LES ÉDITIONS DU SPHINX
2267, St-Jean-Baptiste
Ancienne Lorette, Québec
G2E 1S4
Téléphone: (418) 656-2493

Adresse postale :
C.P. 8742, Succursale P.
Ste-Foy, Québec
G1V 4N6

S'ADRESSER À
Yvon Houle, président

COLLABORATIONS
Les Belles-Lettres (Paris)
Georg Olms Verlag (Hildesheim, Allemagne)

DIFFUSION
En Europe : Les Belles-Lettres (ouvrages sur l'Antiquité).

DISCIPLINES
Les Éditions du Sphinx acceptent des manuscrits en études anciennes,
éducation, philosophie et sciences religieuses. Elles s'intéressent aussi à
l'occasion à des ouvrages dans d'autres disciplines, notamment en histoire de
la médecine. Les Éditions du Sphinx acceptent de publier des thèses,
moyennant les modifications nécessaires à la conversion d'une thèse en livre.

MOYENNE ANNUELLE DE TITRES SAVANTS
2

LES ÉDITIONS DU TRÉCARRÉ
817, rue McCaffrey
Saint-Laurent, Québec
H4T 1N3
Téléphone : (514) 738-2911
Télécopieur : (514) 738-8512

S'ADRESSER À
Colette Laberge, directrice de l'édition

136

DISCIPLINES
Management

COLLECTIONS
Ressources pour décideurs.

MOYENNE ANNUELLE DE TITRES SAVANTS
2

LES ÉDITIONS FIDES
165 rue Deslauriers
Saint-Laurent, Québec
H4N 2S4
Téléphone : (514) 745-4290
Télécopieur : (514) 745-4299

S'ADRESSER À
Antoine Del Busso, directeur général et directeur de l'édition

DISCIPLINES
Théologie et sciences religieuses, littérature canadienne, sciences sociales, dictionnaires, histoire du Canada et philosophie.

COLLECTIONS
Théologie et sciences religieuses:
  Héritage et projet : collection de théologie. Elle est dirigée par un comité de trois théologiens : André Charron, Richard Bergeron et Guy Couturier.
  Cahiers d'études pastorales : publiés sous la direction de la section des études pastorales de la Faculté de théologie à l'Université de Montréal.
  Loi et Évangile : dirigée par MM. Guy Couturier, Léonard Audet et Rosaire Lavoie, professeurs à la section des études bibliques, Faculté de théologie, Université de Montréal.
  Recherches et études sur la famille : publiée sous la direction de l'équipe interdisciplinaire de recherche de l'Université du Québec à Montréal.
  Vie, santé, valeurs : le comité de direction de cette collection se compose de Guy Durand, éthicien et juriste, Jacques Baillargeon, médecin, Viateur Boulanger, théologien, Jacqueline Fortin, infirmière et éthicienne.
  Cahiers de recherche éthique : les Cahiers de recherche éthique (CRE)

137

ont pour but de regrouper une série de publications continues, les analyses et les synthèses qui peuvent nous permettre une meilleure approche des problèmes d'ordre moral ou éthique.

Littérature canadienne:
Archives et lettres canadiennes : publications du Centre de recherche en civilisation canadienne-française de l'Université d'Ottawa.

Sciences sociales:
Rencontre des cultures : cette collection comporte trois sections : Essais, Création littéraire, et Profils culturels.
La Préhistoire du Canada : collaboration avec les musées nationaux du Canada.

RENSEIGNEMENTS DIVERS
Fides publie plusieurs autres collections, dont la célèbre collection du *Nénuphar* (plus de 50 volumes), la collection *Bibliothèque québécoise* (livre de poche).
Édition d'envergure à paraître : *Dictionnaire des oeuvres littéraires du Québec, tome VI* (prévu pour 1994), *Encyclopédie de la musique* (prévu pour 1994). Les publications de Fides, dans les domaines de la théologie et des sciences religieuses sont distribuées en France par les Éditions du Cerf, 29 boulevard Latour-Maubourg, 75340 Paris, FRANCE.

MOYENNE ANNUELLE DE TITRES SAVANTS
12

ÉDITIONS HURTUBISE HMH LTÉE

Bureaux éditoriaux   ou   Service administratif et
3140, rue Allard   commercial
Montréal, Québec   7360, boulevard Newman
H4M 2M7   LaSalle, Québec
                                        H8N 1X2

Téléphone : (514) 364-0323
Télécopieur : (514) 364-7435

S'ADRESSER À
Hervé Foulon, président-directeur général
Jean-Paul Sémeillon, vice-président, éditions littéraires

DISCIPLINES (voir Collections)
L'éditeur ne publie pas de thèses à l'état original. Elles doivent être remaniées et allégées pour atteindre un public intéressé mais pas uniquement universitaire.

COLLECTIONS
L'Atelier des modernes: collection consacrée aux écrivains ayant joué un rôle déterminant dans la formation de la modernité. Dirigée par François Latraverse et Georges Leroux.

Constantes : essais littéraires, politiques, sociologiques, philosophiques -- sciences et religion.

L'Homme dans la société : sociologie et vie économique. Recueils de textes et oeuvres collectives dirigée par Guy Rocher.

Sciences de l'homme et humanisme : sociologie, science politique, essais socio-théologiques. Dirigée par Fernand Dumont.

Brèches : philosophie. Dirigée par Professeur Georges Leroux.

Cahiers du Québec dirigée par Robert Lahaise. Comprenant 16 collections: Album - Arts d'aujourd'hui - Beaux-Arts - Communications - Cultures Amérindiennes - Documents d'histoire - Droit et Criminologie - Ethnologie - Histoire - Littérature - Musique - Philosophie - Psychopédagogie - Sciences politiques - Sociologie - Textes et Documents littéraires. 110 titres parus.

MOYENNE ANNUELLE DE TITRES SAVANTS
11

ÉDITIONS PAULINES
3965, boulevard Henri-Bourassa Est
Montréal, Québec
H1H 1L1
Téléphone: (514) 322-7341
Télécopieur: (514) 322-4281

S'ADRESSER À
Ignace Cau, président
Gilles Collicelli, directeur des éditions

COLLABORATIONS
Médiaspaul (Paris).

DISCIPLINES
La maison Édition Paulines publie des ouvrages à caractère scientifique et populaire couvrant le domaine des sciences humaines et religieuses.
Théologie, études bibliques, pastorale, spiritualité, psychologie, histoire et sociologie religieuses sont les domaines dans lesquels la maison investit la majeure partie de son énergie et de sa créativité.

MOYENNE ANNUELLE DE TITRES SAVANTS
6-8

ÉDITIONS QUÉBEC/AMÉRIQUE

Division littérature et international
425, St-Jean-Baptiste
Vieux-Montréal, Québec
H2Y 2Z7
Téléphone : (514) 393-1450
Télécopieur : (514) 866-2430

Division Presses H.E.C.
1280, rue de Coulomb
Boucherville, Québec
J4B 7J4
Téléphone : (514) 655-6084
Télécopieur : (514) 655-5166

S'ADRESSER À
Jean Pettigrew (514) 393-1450

DISCIPLINES
Romans, essais, livres de référence, dictionnaires, gestion, littérature jeunesse et ouvrages sur la santé.

COLLECTIONS
Littérature d'Amérique;
Littérature d'Amérique traduction;
Succès d'Amérique;
Deux-Continents;
Sextant;
QA (poche);
Presses H.E.C.;

Littérature Jeunesse;
Explorations;
Santé;
Desjardins;

MOYENNE ANNUELLE DE TITRES SAVANTS
Total - 50, savant - 3

RENSEIGNEMENTS DIVERS
En 1992, les Éditions Québec/Amérique s'associe à l'école des Hautes Études Commerciales et crée la collection *Presses H.E.C*, une collection ayant pour sujet l'économie, le management, l'administration en général.

ÉDITIONS SAINT-MARTIN
5000, rue Iberville, bureau 203
Montréal, Québec
H2H 2S6
Téléphone : (514) 529-0920
Télécopieur : (514) 529-8384

S'ADRESSER À
Richard Vézina, président-directeur général

COLLABORATIONS
University of Toronto Press, Sage Publication, Interweaves Press (USA), Métaillé (France), L.T.A. (France), Syros (France), De Boeck (Belgique), Académia (Belgique), Age d'homme (France), Thames and Hudson (Angleterre).

DISCIPLINES ET COLLECTIONS
Communication et marketing, communications graphiques, condition féminine, condition masculine, économie, éducation, famille, formation, histoire, international, philosophie, politique, psycho-sociologie, science, technique et société.

MOYENNE ANNUELLE DE TITRES SAVANTS
10

L'ÉTINCELLE ÉDITEUR
4999 rue Sainte-Catherine Ouest, Bureau 311
Westmount, Québec
H3Z 1T3
Téléphone : (514) 481-2440
Télécopieur : (514) 481-9973

S'ADRESSER À
Robert Davies, président-directeur général

COLLABORATIONS
UQàM, groupe interdisciplinaire en études postmodernes.

DISCIPLINES
Sociologie, histoire économique et anthropologie.

MOYENNE ANNUELLE DE TITRES SAVANTS
2-5

FITZHENRY & WHITESIDE LIMITED
195 Allstate Parkway
Markham, Ontario
L3R 4T8
Telephone: (905) 477-9700
Fax: (905) 477-9179

ADDRESS CORRESPONDENCE TO
R. W. Read, Senior Vice-President

AFFILIATIONS
Private Canadian Company.

AREAS OF INTEREST
Canadian History, social issues, education and reference books.

SERIES
Godwit Series (eg. Northrop Frye on Shakespeare; Northrop Frye on
Education; Read For Your Life; Marvellous Century).

AVERAGE NUMBER OF TITLES PER YEAR
Total - 40 to 50, scholarly - 5

FORMAC PUBLISHING COMPANY LTD.
5502, Atlantic Street
Halifax, Nova Scotia
B3H 1G4
Telephone: (902) 421-7022
Fax: (902) 425-0166

ADDRESS CORRESPONDENCE TO
Carolyn MacGregor
James Lorimer

AFFILIATIONS
James Lorimer & Co. Publishers and Goodread Biographies.

AREAS OF INTEREST
Regional material (Maritime), non-fiction only.

SERIES
Goodread Biography Series.

AVERAGE NUMBER OF TITLES PER YEAR
10

GARAMOND PRESS
77 Mowat Avenue, Suite 403
Toronto, Ontario
M6K 3E3
Telephone: (416) 516-2709
Fax: (416) 533-5652

ADDRESS CORRESPONDENCE TO
Peter Saunders

AREAS OF INTEREST
Social sciences.

SERIES
Culture and communication in Canada series.

AVERAGE NUMBER OF TITLES PER YEAR
5

GUERNICA EDITIONS INC.
P.O. Box 117, Station P
Toronto, Ontario
M5S 2S6
Telephone and fax : (416) 657-8885

ADDRESS CORRESPONDENCE TO
Antonio D'Alfonso, Editor

AREAS OF INTEREST
Guernica Editions publishes books that deal with multiculturalism; bridging
the cultures.

AVERAGE NUMBER OF TITLES PER YEAR
20

HARVEST HOUSE LIMITED
1200 Atwater Avenue, Suite #1
Montreal, Quebec
H3Z 1X4
Telephone: (514) 932-0666
Fax : (514) 933-1702

ADDRESS CORRESPONDENCE TO
Maynard Gertler, President and Editor

AFFILIATIONS
Harvest House has no affiliations with other publishers. However, in the past,
it has sold rights or co-published with such firms as MIT Press, Harper &
Row, Grosset & Dunlap, the University of Washington Press, and the
University Press of New England. It has also sold rights to European
publishers, co-published with British presses, and has agents in most important

144

European centres, Great Britain and the United States. In Canada, its books are distributed in all markets by Harvest House.

AREAS OF INTEREST
Scholarly works in history, science, biography and the social sciences.

SERIES
Environment;
The French Writers of Canada.

AVERAGE NUMBER OF TITLES PER YEAR
6

HUMANITAS
5780, avenue Decelles, buerau 301
Montréal, Québec
H3S 2C7
Téléphone et télécopieur : (514) 737-1332

S'ADRESSER À
Constantin Stoiciu, président et directeur général

DISCIPLINES
Ouvrages en sciences humaines. Les thèses ou les travaux de recherche sont acceptés après que les auteurs les ont rémaniés pour les rendre plus accessibles.

COLLECTIONS
Circonstances;
Essais.

ISER BOOKS
Memorial University of Newfoundland
St. John's, Newfoundland
A1C 5S7
Telephone: (709) 737-1568 or 737-8157
Fax: (709) 737-4569

ADDRESS CORRESPONDENCE TO
Dr. Rosemary Ommer, Research Director
Susan Nichol, Assistant Editor

AFFILIATIONS
Co-publishing with C. Hurst & Co., London; University of Manchester,
England; and the Institute for the Study of Human Issues, Philadelphia, PA.

AREAS OF INTEREST
The Institute publishes works in the following fields: anthropology,
archaeology, sociology, economics, folklore, geography and history.

SERIES
Studies and Papers.

AVERAGE NUMBER OF TITLES PER YEAR
3-4

JAMES LORIMER & COMPANY LTD., PUBLISHERS
Egerton Ryerson Memorial Building
35 Britain Street
Toronto, Ontario
M5A 1R7
Telephone: (416) 362-4762
Fax: (416) 362-3939

ADDRESS CORRESPONDENCE TO
James Lorimer, President and Editor-in-Chief
Carolyn MacGregor, Vice-President

AFFILIATIONS
See Series.

AREAS OF INTEREST
Canadian Studies: history (general, and especially labour, urban, Quebec
history). Also political economy, business, environmental studies, native
studies, urban studies, biography, cultural politics and public policy.

SERIES
Canadian Issues Series (short introductory books in politics, economics, etc.).

AVERAGE NUMBER OF TITLES PER YEAR
Total - 20 to 25, scholarly - 10

LEMÉAC-ÉDITEUR INC.
1124 Marie-Anne est,
Montréal, Québec
H2J 2B7
Téléphone : (514) 524-5558
Télécopieur : (514) 524-3145

S'ADRESSER À
Pierre Filion, directeur littéraire

DISCIPLINES
Histoire - Éditions critiques

MOYENNE ANNUELLE DE TITRES SAVANTS
1

THE LIMESTONE PRESS
P.O. Box 1604
Kingston, Ontario
K7L 5C8
Telephone: (613) 548-7403

ADDRESS CORRESPONDENCE TO
Richard A. Pierce, Manager

AFFILIATIONS
U.S. Office: c/o University of Alaska Press, Fairbanks, Alaska 99775.

AREAS OF INTEREST
Manuscripts of scholarly worth. Area specialties include Russia, Siberia, and
Alaska.

SERIES
Alaska History;
Russia and Asia.

ADDITIONAL INFORMATION
A subsidy is required for items of limited potential or requiring extensive
editorial work.

AVERAGE NUMBER OF TITLES PER YEAR
Total - 3

McCLELLAND & STEWART INC.
481 University Avenue, Suite 900
Toronto, Ontario, M5G 2E9
Telephone: (416) 598-1114
Fax: (416) 598-7764

ADDRESS CORRESPONDENCE TO
Al Potter, Editorial Director, College Division

AREAS OF INTEREST
Canadian literature, history, political science, sociology, economics. Theses
are not accepted without revision.

SERIES
Canadian Centenary Series;
New Canadian Library;
Canadian Social History Series;
Readings in Canadian Social History Series.

ADDITIONAL INFORMATION
All enquiries or submissions should be addressed to the attention of the
manuscript editor. The company prefers not to consider manuscripts
submitted simultaneously to other publishers. Evaluation time varies from
three to six months. If the manuscript is accepted, contract issuance follows
within eight weeks.

AVERAGE NUMBER OF TITLES PER YEAR
Total - 100

McGILL-QUEEN'S UNIVERSITY PRESS
3430 McTavish Street

McGill University   or   Queen's University
Montréal, Québec   Kingston, Ontario
H3A 1X9   K7L 3N6
Telephone: (514) 398-3750   Telephone: (613) 545-2155
Fax: (514) 398-4333   Fax: (613) 545-6300

ADDRESS CORRESPONDENCE TO
Philip J. Cercone, Executive Director and Editor (McGill)
Peter B. Blaney, Editor (McGill)
Donald H. Akenson and Joan Harcourt, Editors (Queen's)

AFFILIATIONS
American Association of University Presses; Association of Canadian
Publishers; Association for Canadian Studies; Association of Canadian
University Presses; Association Québécoise des Presses Universitaires;
Association des éditeurs anglophones du Québec.

AREAS OF INTEREST
All the major fields in the social sciences and humanities, including both
scholarly and general interest studies. In particular: Arctic and Northern
studies; history and political science with special emphasis on Canadian
studies; urban studies; English literature; Commonwealth and Canadian
literature; ecology; architecture; philosophy and religion; anthropology,
especially North American native peoples; folklore; sociology; economics;
geography; administrative studies; political economy; medieval studies.
Drama, fiction, poetry, or works in the physical sciences or mathematics are
not published.

SERIES
Canadian Public Administration;
McGill-Queen's Studies in the History of Ideas;
Canadian Association of Geographers Series in Canadian Geography;
Critical Perspectives on Public Affairs;
McGill-Queen's Studies in the History of Ethnic History;
McGill-Queen's Studies in the History of Religion;
Canadian Institute for the Advancement of Women Series;
McGill-Queen's Native and Northern Series;
Rupert's Land Record Society Series;

Studies on the History of Quebec Series/Études d'histoire du Québec;
Comparative Charting of Social Change in Contemporary Society.

ADDITIONAL INFORMATION
McGill University Press was founded in 1960. In 1968, through
amalgamation with the scholarly publishing activities of Queen's University, it
became McGill-Queen's University Press. MQUP wishes to be informed if
manuscripts submitted are under consideration elsewhere. Unrevised theses
are not normally considered.

AVERAGE NUMBER OF TITLES PER YEAR
65-70

MOSAIC PRESS
P.O. Box 1032
1252 Speers Road, Unit 102
Oakville, Ontario
L6L 5N9
Telephone: (416) 825-2130
Fax: (416) 825-2130

ADDRESS CORRESPONDENCE TO
Editors: Seymor Mayne
        Peter Potichnyj
        Michael Walsh

AFFILIATIONS
None.

AREAS OF INTEREST
Social studies: current and historical social studies with a primary focus on
Canada.
International studies: current and historical, with a focus on central and
eastern Europe and Canadian international relations.

ADDITIONAL INFORMATION
Mosaic Press publishes some 20 original, Canadian authored titles each year.
We have distribution in the US and the UK. We sell rights internationally
and also co-editions. Recent rights sales and international co-editions include
the UK, Malaysia, India, Russia, Germany.

150

AVERAGE NUMBER OF TITLES PER YEAR
20

OBERON PRESS
400 - 350 Sparks Street
Ottawa, Ontario
K1R 7S8
Telephone: (613) 238-3274
Fax: (613) 238-3275

ADDRESS CORRESPONDENCE TO
Michael Macklem, President
Nicholas Macklem, General Manager

AREAS OF INTEREST
Publishes in the field of scholarly publishing, Canadian history and literature,
biography and social criticism. Unrevised theses are not considered.
Children's books, fiction and poetry are also accepted.

ADDITIONAL INFORMATION
Oberon Press was founded in 1966. The firm handles editorial production,
North American trade, sales, promotion and design, with printing being done
by outside printers. The usual length of time for manuscript evaluation varies
from one to eight weeks. Special cases take up to twelve weeks. Manuscripts
submitted simultaneously to other publishers will not be considered. Royalties
are usually 10 percent of the list price, with secondary rights normally being
shared by the author and publisher on a 50/50 basis.
AVERAGE NUMBER OF TITLES PER YEAR
18

OISE PRESS
252 Bloor Street West
Local 2531
Toronto, Ontario
M5S 1V6
Telephone: (416) 923-6641
Fax: (416) 926-4725

ADDRESS CORRESPONDENCE TO
Hugh Oliver, Editor-in-Chief

AFFILIATIONS
Publishes on a cooperative basis with non-profit, educational institutions and associations. In addition, the Institute may enter into a publishing collaboration with a commercial firm when there is potential for large-scale marketing and distribution.

AREAS OF INTEREST
Education and its associated subdisciplines for academics, researchers, government officials, administrators, teachers, students, and general public.

SERIES
Curriculum Series;
Guidance Series;
Language & Literacy Series;
Monograph Series;
Occasional Papers;
Profiles in Practical Education;
Research in Education Series;
Resource Series;
Symposium Series;
Value Reasoning Series.

ADDITIONAL INFORMATION
The Institute provides for publication on the following basis: internally funded materials; cooperative publication with an independent association; contract publication for an independent association; and publication with assistance from external subsidies. Sale and distribution of OISE Press pulications is currently handled by Scholarly Book Services Inc. (Tel: (416) 533-5490, Fax: (416) 533-5652).

AVERAGE NUMBER OF TITLES PER YEAR
15-20

P.D. MEANY COMPANY INC.
P.O. Box 118
Streetsville, Ontario
L5M 2B7
Telephone: (416) 567-5803
Fax: (416) 567-1687

ADDRESS CORRESPONDENCE TO
Patrick Meany, Director and Editor

AFFILIATIONS
Distributor for a number of small publishers.

AREAS OF INTEREST
Humanities and social sciences, particularly the Irish diaspora. Theses are not
accepted for publication.

SERIES
Elizabethan Theatre.

ADDITIONAL INFORMATION
P.D. Meany Company is a small publisher. The Company publishes one or
two scholarly titles a year, occasionally co-publishes a title with an overseas
publisher, and acts as a distributor in Canada and the United States.

AVERAGE NUMBER OF TITLES PER YEAR
Scholarly - 1

PENUMBRA PRESS
46 Waxwing Drive
Ottawa, Ontario
K1V 9H2
Telephone: (613) 526-3232
Fax: (613) 526-3244

ADDRESS CORESPONDENCE TO
John Flood, President and General Editor

AFFILIATIONS
Archives of Canadian Art.

AREAS OF INTEREST
Northern Studies, especially literature and the arts; First Nations art and literature; Nordic literatures in translation.

SERIES
Penumbra Press Poetry Series.

NUMBER OF TITLES
On average we publish ten new titles a year and reprint one to three titles a year. About 10% of our list can be described as "scholarly", that is, titles that entail research, rigourous documentation, and external editing.

PONTIFICAL INSTITUE OF MEDIAEVAL STUDIES
Department of Publications
59 Queen's Park Crescent East
Toronto, Ontario
M5S 2C4
Telephone: (416) 926-7144
Fax: (416) 926-7258

ADDRESS CORRESPONDENCE TO
Dr. Ron B. Thomson, Director of Publications
Dr. J. Black, Managing Editor

AFFILIATIONS
Member of the Association of Canadian University Presses.

AREAS OF INTEREST
Mediaeval studies. Theses are not normally accepted.

SERIES
Mediaeval Sources in Translation : Scholarly translations of shorter works of the Middle Ages, designed for university lectures.

Mediaeval Studies : An annual periodical consisting of scholarly articles.

154

Studies and Texts : Monographs dealing with music, drama, art, literature, philosophy and theology of the European Middle Ages. Critical editions of Latin texts are accepted.

Subsidia Mediaevalia : Calendars, indices and catalogues of mediaeval sources in libraries.

Toronto Mediaeval Latin Texts : Short Latin texts designed for in-depth reading by college and graduate students.

Papers in Mediaeval Studies : Festschriften and collections of papers from conferences concentrating on specific topics.

Etienne Gilson Series : Lectures and monographs generally relating to philosophy.

Publications of the Dictionary of Old English : Studies in Old English texts.

ADDITIONAL INFORMATION
Authors are encouraged to enquire about suitability before manuscript completion. Only completed manuscripts are given an appraisal.

AVERAGE NUMBER OF TITLES PER YEAR
8-10

LES PRESSES DE L'UNIVERSITÉ LAVAL (PUL)
Cité universitaire, C.P. 2447
Édifice Jean-Durand
Sainte-Foy, Québec
G1K 7P4
Téléphone : (418) 656-2803
Télécopieur : (418) 656-3305

S'ADRESSER À
Denis Vaugeois, directeur

COLLABORATIONS
Les PUL font de nombreuses co-éditions avec des éditeurs européens de langue française. De plus, les publications des PUL sont distribuées en Europe et en Afrique par les Éditions Eska (Paris).

DISCIPLINES
Les PUL se définissent comme une maison d'édition universitaire consacrée à la publication de travaux d'érudition. Les Presses publient hors collection des manuscrits relevant des disciplines suivantes: archéologie, art, démographie, droit, économie, éducation, littérature, musique, psychologie, religion, science politique, urbanisme. Les PUL acceptent de publier des thèses, moyennant les modifications qui s'imposent habituellement pour la conversion de la thèse au livre.

COLLECTIONS
Les Archives de folklore;
Bibliothèque copte de Nag Hammadi;
Bibliothèque juridique;
Bibliothèque philosophique;
Cahiers de psychomécanique du langage;
Les Cahiers d'histoire de l'Université Laval;
Congrès des relations industrielles;
Culture française d'Amérique;
Ethnologie de l'Amérique française;
Études écologiques;
Histoire politique;
Langue française au Québec;
Leçons de linguistique de Gustave Guillaume;
Oeuvres de Paul Tillich;
Relations du travail;
Sciences de l'administration;
Sociétés et mutations;
Travaux de géographie de l'Université Laval;
Travaux du Centre international de recherche en aménagement Linguistique/Publications of the International Center for Research on Language Planning;
Vie des lettres québécoises.

MOYENNE ANNUELLE DE TITRES SAVANTS
25

LES PRESSES DE L'UNIVERSITÉ DE MONTRÉAL (PUM)

C.P. 6128, Succursale "Centre ville"
Montréal, Québec, H3C 3J7
Téléphone : (514) 343-6929
Télécopieur : (514) 343-2232

S'ADRESSER À
Marie-Claire Borgo, directrice générale
Roger Le Garrec, directeur de production
Philippe Luque, adjoint à l'édition
Josée Piédalue, adjointe administrative

COLLABORATIONS
Les Presses collaborent de façon régulière avec un certain nombre d'éditeurs européens, selon leur spécialité: Masson, Vigot, Dunod, Lamarre, DeBoeck, Doin, Éditions du CNRS, Champion/Slatkine.

DISCIPLINES
Les PUM publient en particulier dans les domaines suivants : anthropologie, communication, criminologie, démographie, économie, éducation, gestion, histoire, linguistique, littérature, mathématiques, médecine, musique, philosophie, politique, psychologie, relations industrielles, sciences de la santé et sociologie. La plupart des nouveaux titres s'inscrivent alors à l'intérieur de collections.

COLLECTIONS
Bibliothèque du Nouveau-Monde : Cette collection présente l'édition critique d'un ensemble de textes littéraires canadiens-français et québécois. Elle apporte des précisions géographiques, des explications textuelles, des notes historiques, et met à jour des documents peu connus ou inédits. Coordonnateurs : Roméo Arbour, Jean-Louis Major et Laurent Mailhot.

Études médiévales : Cette collection publie des travaux qui apportent une contribution originale, de contenu ou de méthode, à la connaissance du Moyen Age occidental. Directeur : Pierre Boglioni.

L'Omnipraticien : Le but de cette collection est d'offrir au médecin généraliste et à l'étudiant l'ensemble des informations qui peuvent lui être utiles dans l'exercice journalier de sa profession. Directeur de la collection: Louis Laplante.

Criminologie : Cette collection met à la disposition de ses lecteurs des ouvrages consacrés à l'étude de l'action criminelle ainsi qu'aux moyens de faire face aux problèmes de la criminalité. Tous les champs de la discipline, microcriminologie, macrocriminologie, analyses de délits spécifiques, pénologie, police, victimilogie et prévention, y seront traités. Cette collection offre aux lecteurs francophones des livres accessibles et permettant de dépasser les particularismes régionaux. Directeur: Maurice Cusson.

Intervenir : Cette collection s'adresse aux praticiens qui, à travers leurs activités professionnelles, aident les acteurs d'un milieu à s'engager dans un processus de changement: les titres de cette collection proposent aussi bien des cadres conceptuels que des modèles d'intervention favorisant la rigueur, la cohérence et l'efficacité des pratiques professionnelles. Directeur de la collection : Maurice Payette.

Sciences de la communication : Cette collection présente des ouvrages consacrés à l'étude des techniques et des technologies de communication. Les titres de la collection s'intéressent autant aux effets des pratiques de communication sur les milieux dans lesquels elles s'exercent, qu'ils soient ou non institutionnels, qu'à l'adaptation de ces pratiques aux exigences particulières de chacun de ces milieux. Directeur : André J. Lafrance

Politique et économie : Véhicule d'études en économie politique et en sociologie politique, cette collection fait une bonne place aux ouvrages théoriques, aux essais d'interprétation et aux études sociohistoriques appliquées dont les résultats permettent une certaine généralisation. Les textes originaux, tant par leur objet que par leur propos, s'articulent autour de trois volets: études canadiennes, tendances actuelles et les grands penseurs. Directeur: Gérard Boismenu.

REVUES SAVANTES : *Circuit, Criminologie, Meta, Géographie physique et quaternaire, Sociologie et société.*

RENSEIGNEMENTS DIVERS
L'ensemble du fonds des Presses (sauf les revues) est disponible pour le Canada chez Gaëtan Morin Éditeur (C.P. 180 Boucherville, Québec, J4B 5E6) et pour l'Europe chez Tothèmes Diffusion (47, rue Saint-André-des-Arts, 75006 Paris, France).

MOYENNE ANNUELLE DE TITRES SAVANTS
25

LES PRESSES DE L'UNIVERSITÉ D'OTTAWA
542, rue King Edward
Ottawa, Ontario
K1N 6N5
Téléphone : (613) 564-2270
Télécopieur : (613) 564-9284

S'ADRESSER À
Suzanne Bossé, directrice de l'édition

COLLABORATIONS
Gaëtan Morin Éditeur, distribution au Canada; Paul & Company, distribution
aux Etats-Unis; Tothemes-Diffusion, distribution en Europe francophone.

DISCIPLINES
La seule maison d'édition universitaire canadienne bilingue, les Presses de
l'Université d'Ottawa publient avant tout des ouvrages de niveau universitaire
et collégial en anglais et en français. Leur action éditorial porte
prioritairement sur les collections suivantes: *Actexpress, Amérique française,
Éducation, Études des femmes, Oeuvres et auteurs, Pédagogie de la
traduction, Philosophica, Publications médiévales, Religions et croyances,* et
Sciences sociales. Les Presses sont également intéressées à publier des
manuels de cours et tout projet d'ntérêt général qui serait en harmonie avec
leur politique éditoriale susceptible de rejoindre un public assez large.

RENSEIGNEMENTS DIVERS
Pour les auteurs intéressés à soumettre un projet de publication ou un
manuscrit, les Presses offrent une copie du *Guide à l'usage des auteurs.* Les
PUO publient également la revue universitaire *Francophonies d'Amérique.*

MOYENNE ANNUELLE DE TITRES SAVANTS
23 (environ la moitié de langue française et la moitié de langue anglaise).
Exceptionnellement, des ouvrages bilingues peuvent être considérés par le
Comité éditorial des PUO.

PRESSES DE L'UNIVERSITÉ DU QUÉBEC (PUQ)
2875, boulevard Laurier
Sainte-Foy, Québec
GIV 2M3
Téléphone : (418) 657-4399
Télécopieur : (418) 657-2096

S'ADRESSER A
Angèle Tremblay, directrice générale
Louise Denis, secrétaire de direction

COLLABORATIONS
Coéditions avec des éditeurs canadiens et européens.

DISCIPLINES
Les Presses de l'Université du Québec publient dans la plupart des disciplines enseignées dans le réseau du l'Université du Québec. Les publications sont regroupées sous trois rubriques: savantes, didactiques et de grande diffusion.

COLLECTIONS
Changement planifié et développement des organisations;
Communication, culture et société;
Communication et société;
Communication organisationnelle;
Enseignement supérieur;
Études d'économie politique;
Gestion de l'information;
Leaders du Québec contemporain;
Les grands gestionnaires et leurs oeuvres;
Monographies de psychologie;
Organisation en changement;
Recherches et théories.

RENSEIGNEMENTS DIVERS
Les Presses assurent également la publication des revues suivantes: *Loisir et Société, Nouvelles pratiques sociales, Revue internationale P.M.E.,* et *Revue internationale en gestion et management de projets* entre autres.

MOYENNE ANNUELLE DE TITRES SAVANTS
15

160

RONSDALE PRESS (formerly Cacanadadada Press Ltd.)
3350 West 21st Avenue
Vancouver, British Columbia
V6S 1G7
Telephone: (604) 738-1195
Fax: (604) 731-4548

ADDRESS CORRESPONDENCE TO
Ronald B. Hatch, Publisher.

AREAS OF INTEREST
Literary criticism, history of B.C. (also interested in fiction, poetry, memoirs and children's books).

AVERAGE NUMBER OF TITLES PER YEAR
Total - 5, scholarly - 1 (25 titles in print).

ROYAL ONTARIO MUSEUM PUBLICATIONS SERVICES
100 Queen's Park
Toronto, Ontario
M5S 2C6
Telephone: (416) 586-5581
Fax: (416) 586-5827

ADDRESS CORRESPONDENCE TO
Sandra Shaul, Head of Publication Services
Dr. David Brose, Chairman of Academic Editorial Board

AFFILIATIONS
None.

AREAS OF INTEREST
Educational material, art, archaeology, crafts, ethnology, history, sciences and technology.

SERIES
Life Sciences Contributions.

ADDITIONAL INFORMATION
All manuscripts considered for publication by the Royal Ontario Museum are governed by certain standard procedural practices. Manuscripts in the *Archaeology, Ethnography, and the History, Art and Technology Series* are subjected to the scrutiny and editorial policies of the Art and Archaeology Editorial Board, as are the *Life Sciences Series* subject to the Life Sciences Editorial Board. All submitted manuscripts are liable to review by qualified persons, in the particular field involved, outside the museum staff. Priority for publication is as follows: ROM staff, ROM research associates and non-affiliated scholars.

AVERAGE NUMBER OF TITLES PER YEAR
4

SIMON & PIERRE PUBLISHING LIMITED
ÉDITIONS SIMON & PIERRE LTÉE
A subsidiary of Dundurn Press Limited
2181 Queen Street East, suite 301
Toronto, Ontario
M4E 1E5
Telephone: (416) 698-0454
Fax: (416) 698-1102

ADDRESS CORRESPONDENCE TO
Jean Paton

AFFILIATIONS
Association of Canadian Publishers, Literary Press Group, Canadian Book Publishers Council, Ontario Library Association, Organization of Book Publishers of Ontario.

AREAS OF INTEREST
Canadian drama and theatre, including theatre history, studies of playwrights and criticism.

SERIES
The Canadian Dramatist;
Canadian Theatre History.

AVERAGE NUMBER OF TITLES PER YEAR
Total - 8, scholarly - 2

SONO NIS PRESS
1745 Blanshard Street
Victoria, British Columbia
V8W 2J8
Telephone: (604) 382-1024
Fax: (604) 383-1575

ADDRESS CORRESPONDENCE TO
Angela Addison, Editor

AFFILIATIONS
None.

AREAS OF INTEREST
Biography, Canadian history and literary criticism. Also publishes fiction, general interest books and poetry.

AVERAGE NUMBER OF TITLES PER YEAR
25-30

TALON BOOKS LTD.
201-1019 East Cordova Street
Vancouver, British Columbia
V6A 1M8
Telephone: (604) 253-5261
Fax: (604) 255-5755

ADDRESS CORRESPONDENCE TO
Karl H. Siegler, President, Editor, Scholarly Publications

AFFILIATIONS
None.

AREAS OF INTEREST
Manuscripts related to literature and ethnography.

ADDITIONAL INFORMATION
The author in his/her initial correspondence with the editor should send only a
résumé of the manuscript.

TECUMSEH PRESS LIMITED
8 Mohawk Crescent
Ottawa, Ontario
K2H 7G6
Telephone: (613) 829-0150

ADDRESS CORRESPONDENCE TO
Dr. Glenn Clever, President
Dr. Frank M. Tierney, Vice-President

AFFILIATIONS
Affiliate of Borealis Press.

AREAS OF INTEREST
All scholarly works, education, and reprints of significant Canadian poetry,
prose and criticism.

SERIES
Early Canadian Women Writers.

AVERAGE NUMBER OF TITLES PER YEAR
Scholarly - 4

THOMPSON EDUCATIONAL PUBLISHING, INC.
14 Ripley Avenue, Suite 105
Toronto, Ontario
M6S 3N9
Telephone: (416) 766-2763
Fax: (416) 766-0398

ADDRESS CORRESPONDENCE TO
Keith Thompson, Publisher

AREAS OF INTEREST
Social sciences and the humanities.

AVERAGE NUMBER OF TITLES PER YEAR
10, total of titles published - 45 educational books.

TROIS
2033, avenue Jessop
Laval, Québec
H7S 1X3
Téléphone : (514) 663-4028
Télécopieur : (514) 663-1639

S'ADRESSER À
Alain Laframboise, directeur général, (514) 273-1068
Anne-Marie Alonzo, directrice littéraire, (514) 663-4028

COLLABORATIONS
CETAC, SAVL, Société pour la critique d'art au Québec et diverses galeries.

DISCIPLINES
Les essais publiés par Trois relèvent surtout de l'histoire de l'art, de la
littérature et de la musicologie. Cependant, la maison Trois est ouverte à
toutes les sciences humaines. Elle a publié, à l'occasion, des thèses de
doctorat et de maîtrise.

COLLECTIONS
Trois guinées et Vedute.

MOYENNE ANNUELLE DE TITRES SAVANTS
2

TURNSTONE PRESS
607 - 100 Arthur Street
Winnipeg, Manitoba
R3B 1H3
Telephone: (204) 947-1555/6
Fax: (204) 942-1555

ADDRESS CORRESPONDENCE TO
James Hutchison, Managing Editor

AREAS OF INTEREST
Literary fiction & non-fiction, poetry, anthologies and criticism.

AVERAGE NUMBER OF TITLES PER YEAR
8; 1 scholarly (critical) book per year; 1 anthology per year.

THE UNIVERSITY OF ALBERTA PRESS (UAP)
141 Athabasca Hall
University of Alberta
Edmonton, Alberta
T6G 2E8
Telephone: (403) 492-3662
Fax: (403) 492-0719

ADDRESS CORRESPONDENCE TO
Ms. Mary Mahoney-Robson, Editor

AFFILIATIONS
The Pica Pica Press.

AREAS OF INTEREST
Considers works of original research, mainly in Canadian studies, particularly
Canadian history and art, northern and ecological works, and native languages.
Also interested in classics, bibliography, and adult education.

SERIES
Western Canadian Reprint Series.

AVERAGE NUMBER OF TITLES PER YEAR
Scholarly - 10

THE UNIVERSITY OF BRITISH COLUMBIA PRESS (UBCPress)
6344 Memorial Road
University of British Columbia
Vancouver, British Columbia
V6T 1Z2
Telephone: (604) 822-3259
Fax: (604) 822-6083

ADDRESS CORRESPONDENCE TO
R. Peter Milroy, Director, (604) 822-3807
Jean Wilson, Senior Editor, (604) 822-6376
Laura Macleod, Editor, (416) 690-6061

AFFILIATIONS
Canadian distributor for the University Press of Colorado, University of
Nevada Press, University of Utah Press, and University of Washington Press.

AREAS OF INTEREST
Scholarly monographs, collections, and textbooks intended for use by scholars,
students, and academic libraries as well as some trade books intended for a
wider audience. Subject areas include history, political science, anthropology,
sociology, geography, art history, natural resources, and the environment.
Canada and the Canadian North, British Columbia, and the Pacific Rim are
the geographic areas which feature strongly in our list.

SERIES
The Canadian Yearbook of International Law;
Pioneers of British Columbia;
Northwest Native Studies;
International Relations;
First Nation Language.

AVERAGE NUMBER OF TITLES PER YEAR
25

THE UNIVERSITY OF CALGARY PRESS (UCP)
2500 University Drive North West
Calgary, Alberta
T2N 1N4

Telephone: (403) 220-7578
Fax: (403) 282-0085
E-mail 75003@ucdasvm1

ADDRESS CORRESPONDENCE TO
Shirley Onn, Director

AFFILIATIONS
The University of Calgary Press also publishes for the Banff Centre School for Management.

AREAS OF INTEREST
To foster communication between academia, industry, government and business; to encourage excellence in research within the University; and to provide technical assistance to deserving publications.

SERIES
Academic Journals;
Textbooks;
Research Series;
Bibliographic Works;
Monograph Series;
Conference Proceedings.

ADDITIONAL INFORMATION
The University of Calgary Press provides for publication on the following basis: the Press considers for publication those manuscripts which have institutional funding or sponsorship, or are eligible for grants administered by the Aid to Scholarly Publications Programme of the Canadian Federation for the Humanities and the Social Science Federation of Canada.

AVERAGE NUMBER OF TITLES PER YEAR
15

THE UNIVERSITY OF MANITOBA PRESS
The University of Manitoba
106 Curry Place, Suite 244
Winnipeg, Manitoba
R3T 2N2

Telephone: (204) 474-9495
Fax: (204) 275-2270

ADDRESS CORRESPONDENCE TO
Patricia Dowdall, Director

AFFILIATIONS
The Press co-publishes certain titles with U.S. or U.K. publishers.

AREAS OF INTEREST
Scholarly books in the humanities and social sciences. The Press also publishes some titles of interest to the general reader, and of particular significance to western Canada. Theses are not normally accepted for publication.

SERIES
University of Manitoba Icelandic Studies;
Manitoba Studies in Native History;
Algonquin Text Society Series.

AVERAGE NUMBER OF TITLES PER YEAR
5-6

UNIVERSITY OF OTTAWA PRESS
542 King Edward Street
Ottawa, Ontario
K1N 6N5
Telephone: (613) 564-2270
Fax: (613) 564-9284

ADDRESS CORRESPONDENCE TO
Suzanne Bossé, Editor-in-Chief

AFFILIATIONS
Gaëtan Morin Éditeur, distributor in Canada; Paul & Compagny, U.S. Distributor; Tothèmes-Diffusion, distributor in French Europe.

AREAS OF INTEREST
The only bilingual university press in Canada, the University of Ottawa Press

publishes primarily books for the university and college levels. Its editorial activities are concentrated in the following series: Actexpress, Canadian Short Story Library, Education, French America, Mediaeval Tents and Studies, Philosophica, Reappraisals: Canadian Writers, Religions and Beliefs, Social Sciences, Translation Teaching, and Women's Studies. The Press is also open to the publication of textbooks and of projects of general interest likely to reach a fairly large audience.

ADDITIONAL INFORMATION
UOP will send a free copy of its Authors' Guide to those interested in submitting a manuscript or project of publication.

AVERAGE NUMBER OF TITLES PER YEAR
23 (half in English and half in French). In special cases, bilingual works may be considered by the UOP Editorial Board.

UNIVERSITY OF TORONTO PRESS INCORPORATED
Scholarly Publishing Division
10 St. Mary Street, Suite 700
Toronto, Ontario
M4Y 2W8
Telephone: (416) 978-2239
Fax: (416) 978-4738

ADDRESS CORRESPONDENCE TO
Ron Schoeffel, Editor-in-Chief (Modern Languages, *Erasmus Series*),
    (416) 978-8432
Virgil D. Duff, Executive Editor (Social Sciences), (416) 978-8431
Anne Forte, Managing Editor, (416) 978-6739
Joan Bulger, Editor (Art & Classics), (416) 978-2416
Gerald Hallowell, Editor (History & Literature), (902) 634-4280
Robert A. Ferguson, Editorial Assistant (History & Literature),
    (416) 978-6678
Suzanne Rancourt, Acquisitions Editor (Medieval and Renaissance Studies, English Language & Literature), (416) 978-8435

AFFILIATIONS
The Press has a branch office in Buffalo and representatives in New York and London, England, and most regions of the United States. It is also

represented by a network of agents in Continental Europe, Asia, Australia, Africa and Latin America.

AREAS OF INTEREST
Scholarly research, reference works and academic journals. Also publishes some works of long-term significance, of interest to the general public. Theses or revised theses are not usually considered, unless the work makes an original and important contribution to its area of scholarship.
Classical studies, Medieval studies, Renaissance studies, Slavic studies, environmental studies, Erasmian studies, Victorian studies, English literature, Canadian studies and literature, literary theory and criticism, modern languages and literatures, philosophy, political science, law and criminology, religion and theology, education, music, art history, geography, Canadian and international history, sociology, anthropology, native studies, social work, and women's studies.

SERIES
Chaucer Bibliographies;
Memorial lectures;
Dictionary of Canadian Biography;
Erasmus: Collected Works of Erasmus;
Erasmus Studies;
Collected Work of A. M. Klein;
McMaster Old English Studies and Texts;
Medieval Academy Reprints for Teaching;
Medieval Texts and Translations;
Mill: Collected Works of John Stuart Mill;
Benjamin Disraeli Letters;
Collected Works of Bernard Lonergan;
Lonergan Studies;
Historical Atlas of Canada;
Ontario Historical Studies Series;
Phoenix Supplementary Volumes;
Publications of the Osgoode Society;
Collected Works of E.J. Pratt;
Records of Early English Drama;
Social History of Canada;
The State and Economic Life;
Reprints in Canadian History;
Royal Inscriptions of Mesopotamia;
Studies in Social History;

Toronto Medieval Bibliographies;
Toronto Medieval Texts & Translations;
Toronto Old English Studies;
University of Toronto Romance Series;
University of Toronto Ukrainian Studies;
Anthropological Horizons;
Theory/Culture;
Toronto Studies in Philosophy;
Italian Linguistics & Language Pedagogy.

AVERAGE NUMBER OF TITLES PER YEAR
over 100 titles.

WILFRID LAURIER UNIVERSITY PRESS (WLUP)
Wilfrid Laurier University
Waterloo, Ontario
N2L 3C5
Telephone: (519) 884-1970 ext. 6124
Fax: (519) 725-1399

ADDRESS CORRESPONDENCE TO
Sandra Woolfrey, Director

AFFILIATIONS
Humanities Press Inc. (for the USA) and Trevor Brown Associates (UK and Europe).

AREAS OF INTEREST
Manuscripts in the humanities and social sciences. Special interest: literature, history, religious studies, Canadian culture and philosophy, and environmental ethics.

SERIES
Library of the Canadian Review of Comparative Literature/Bibliothèque de la Revue Canadienne de Littérature Comparée;
The Calgary Institute for the Humanities;
Editions SR;
Studies in Christianity and Judaism/Études sur le christianisme et le judaisme;
Comparative Ethics Series/Collection d'Éthique Comparée.

172

JOURNALS
Canadian Journal of Communication;
Canadian Journal of Political Science/Revue canadienne de science politique;
Dialogue;
Anthropologica;
Studies in Religion/Sciences religieuses;
Toronto Journal of Theology;
Canadian Social Work Review/Revue canadienne de service social;
Canadian Bulletin of Medical History;
RACAR.

AVERAGE NUMBER OF TITLES PER YEAR
Scholarly 15-20

VLB ÉDITEUR
Une division du groupe Ville-Marie Littérature
1010, rue de la Gauchetière Est
Montréal, Québec
H2L 2N5
Téléphone : (514) 523-1182
Télécopieur : (514) 282-7530

S'ADRESSER À
Jacques Lanctôt, directeur des éditions

DISCIPLINES
VLB Éditeur publie des ouvrages de littérature générale, mais aussi des essais
en sciences humaines dans ses diverses collections : *Études québécoises*
(dirigée par le Professeur Robert Comeau), *Essais critiques* (dirigée par le
Professeur Jacques Pelletier), *Science et conscience* (dirigée par Danielle
Ouellet), *Des hommes en changement* (dirigée par Michel Dorais et Daniel
Welzer-Lang).

RENSEIGNEMENTS DIVERS
Les thèses de doctorat ou les travaux de recherche dans ces domaines ne sont
retenus que dans la mesure où les auteurs et auteures les ont remaniés pour les
rendre accessibles à un public de non-spécialistes.

XYZ ÉDITEUR
1781, rue Saint-Hubert
Montréal, Québec
H2L 3Z1
Téléphone : (514) 525-2170
Télécopieur : (514) 525-7537

S'ADRESSER À
André Vanasse, directeur littéraire

COLLABORATIONS
Flammarion
Le Félin
Presses Universitaires de Vincennes

DISCIPLINES
La maison XYZ Éditeur publie des essais portant sur les théories littéraires et
la sémiologie. Elle publie aussi des anthologies.

COLLECTIONS
Théorie et littérature;
Documents.

MOYENNE ANNUELLE DE TITRES SAVANTS
5

ACHEVÉ D'IMPRIMER
CHEZ
MARC VEILLEUX,
IMPRIMEUR À BOUCHERVILLE,
EN MAI MIL NEUF CENT QUATRE-VINGT-QUINZE